The New Plant Parent

THE NEW PLANT PARENT
Text and photographs copyright © 2019 Darryl Cheng

Illustrations copyright © 2019 Jeannie Phan
First published in the English language in 2019
By Abrams Image, an imprint of ABRAMS, New York
ORIGINAL ENGLISH TITLE: THE NEW PLANT PARENT
(All rights reserved in all countries by Harry N. Abrams, Inc.)

Korean translation copyright © 2022 by HANKYOREH EN Co., LTD
Korean translation rights arranged with Harry N. Abrams, Inc.
through EYA(Eric Yang Agency).

이 책의 한국어판 저작권은 EYA(Eric Yang Agency)를 통한
Harry N. Abrams, Inc. 사와의 독점계약으로 한겨레엔(주)이 소유합니다.
저작권법에 의하여 한국 내에서 보호를 받는 저작물이므로
무단전재 및 복제를 금합니다.

일러두기
× 본문에 등장하는 식물명은 대중적으로 가장 많이 쓰는 표기를 따라 옮겼고,
  필요한 경우 영문을 병기했습니다.
× 용어에 대한 설명은 국립국어원 표준국어대사전의 풀이를 따랐습니다.
× 본문에 고딕체 첨자는 모두 옮긴이 주입니다.

웃자라고, 축 처지고, 노랗게 변하는 식물 앞에서
오늘도 아리송한 당신이 알아야 할
내 반려 식물의 표정을 읽는 법

The New Plant Parent

퇴근하고 식물집사

늘 긴가민가한 식물 생활자들을 위한
친절한 가이드

대릴 쳉 지음
강경이 옮김

contents

part 1. 식물
Caring for 돌보기
Plants

1. 식물 돌보는 마음 —————————— 9
2. 식물을 위한 집 ——————————— 20
3. 반려 식물 이해하기 ————————— 31
4. 거시적 돌봄 ———————————— 42
5. 빛 ————————————————— 48
6. 흙 ————————————————— 67
7. 물 ————————————————— 76
8. 가지치기, 번식, 분갈이 ——————— 99
9. 해충 ———————————————— 111
10. 반려 식물 입양하기 ———————— 120
11. 유용한 도구들 ——————————— 131

part 2.
House Plant Journal

반려 식물을 위한 일기

드라세나	141
염자	150
캥거루펀고사리	158
마리모 모스볼	164
파키라	168
몬스테라	175
천손초	182
옥살리스	188
스파티필룸	195
필로덴드론 덩굴	202
필레아 페페	210
덕구리난	219
스킨답서스	225
마란타	232
토끼발고사리	240
산세베리아	247
박쥐란	255
러브체인	266
금전초	271
감사의 글	278

part 1.
식물 돌보기 Caring for Plants

놋쇠 항아리가 둥지파초일엽Asplenium nidus의 초록 색조와 잘 어울린다.

1.

식물 돌보는 마음

내가 '하우스 플랜트 저널House Plant Journal'이라는 블로그를 시작했을 때 처음 사용한 슬로건은 '내 반려 식물을 위한 일기'였다. 결국 같은 말이었지만 반려 식물을 키우는 경험을 기록한다는 점을 강조하고 싶었다(나는 식물들이 자라고 변화하는 모습을 지켜보기 좋아한다). 당연히 처음 식물을 키우기 시작했을 때는 책과 인터넷을 뒤지며 각종 조언을 찾아 읽었다. 그런데 식물 돌보기에 관한 조언을 읽으면 읽을수록 어떤 불균형이 눈에 들어왔다. 대부분의 조언들은 반려 식물의 가치를 시각적인 즐거움에서 찾고 있었다. 반면 식물을 돌보는 일은 부담스럽게 여기며 문제의 진단과 해결에만 초점을 맞췄다. 반려 식물을 돌보며 맛보는 오랜 만족감에 대해 말하는 사람은 드물었다. 오히려 식물 돌보기를 환경을 거의 고려하지 않아도 되는, 아주 쉬운 일이라고 믿게 하거나 아니면 식물이란 옆에 붙어 서서 5분마다 물을 주지 않으면 쓰러져 죽어버리는 예민한 엄살쟁이라고 생각하게 만드는 '비결과 비법'이 엄청나게 쌓여 있었다.

대체로 '식물 돌보는 법'이라고 나와 있는 조언의 글들은 개별적인 식물 하나하나에 해당하는 지시사항들을 나열할 뿐이다. 좋은 결과물을 장담하는 베이킹 레시피처럼 보이기도 한다. 식물의 결함이라 여겨지는 것을 강조하며 그 결함을 극복하지 못한 책임이 어디에 있는지 따진다. 물을 너무 많이 줘서, 혹은 너무 적게

드라세나 마지나타Dracaena marginata는 줄기 끝에 새순이 돋을 때면 오래된 잎들이 자연스럽게 떨어진다. 줄기에 그어진 선들은 오래된 잎이 떨어진 자국이다. 그러므로 당신의 집이 식물에게 제공하는 생장 환경을 이해하고, 자연이 갈 길을 가게 놔두시길. 오래된 잎들은 떨어지기 마련이다.

줘서 문제라고 말하기도 한다. 이런 글들을 읽다 보면 식물은 늘 같은 모습을 유지해야 하고, 심지어 아무 탈 없이 잘 자라야 한다고 자연스레 기대하게 된다. 불가사의하게 그러지 못하는 몇몇 경우만 빼고 말이다. '이 식물은 돌보기 쉬워요'라고 장담하는 글을 읽다 보면 반려 식물의 잎들이 누렇게 변해 떨어지는 모습을 보면서 내가 나쁜 식물 부모가 된 것 같다는 죄책감을 느끼게 된다.

나는 식물을 돌보는 마음이 달라져야 한다고 생각한다. 반려 식물 일기를 기록하는 동안 나는 반려 식물을 즐기기 위해 중요한 환경 요소가 무엇인지를 이해하려고 애썼다. 나는 완벽을 바라지 않았다. 내가 최선을 다하고 있고, 식물 역시도 최선을 다하고 있다는 것을 알고 싶었을 뿐이다. 나는 내게 익숙한 공학적 사고를 식물 돌봄에 적용했고 반려 식물을 최고로 만족시키기 위해 내 돌봄 노력을 최적화할 방법을 고민했다. 나는 당신이 식물의 성장 환경을 이해하고, 식물을 주의 깊게 관찰하며, 자연의 길을 있는 그대로 받아들이길 바라는 마음으로 이 책을 썼다. 당신이 반려 식물에 대한 적절한 지식과 '기대'를 가질 수 있으면 좋겠다. 그때 비로소 당신은 당신의 환경에서 식물집사로서 최선을 다하고 있는지 알 수 있을 것이다. 최종적으로, 나는 당신이 식물 돌보기의 진정한 기쁨을 가로막는 습관과 사고방식에서 벗어나도록 돕고 싶다.

쉬운 식물

vs

어려운 식물

당신은 무엇을 기대하는가?

식물 전문가들은 키우기 쉬운 식물이 무엇인지를 끊임없이 알려준다. 그런데 키우기 쉬운 식물과 그렇지 않은 식물을 나누는 기준은 무엇일까? 물론, 키우는 사람이 얼마나 많은 노력과 인내로 식물을 돌볼 마음이 있는지와 관련 있겠지만 식물에게 무엇을 기대하는지도 중요하다.

영구적인 손상을 입히지 않으려면 특별히 주의를 기울여야 하는 식물도 있다. 식물이 시들었다고 가정해 보자. 스파티필름과 아디안툼 같은 관엽식물은 흙이 완전히 마르면 빠르게 시들어버린다. 이때 물을 흠뻑 주면 스파티필름은 기운을 차리고 건강한 모습을 회복하지만 아디안툼은 아마 원래대로 돌아오지 못할 것이다. 죽이기 쉬운 식물은 돌보기 어렵다고 표현할 만하다. 죽이지 않으려면 정말 조심해야 하는 식물이 실제로 있다! 다행히 앞으로 이 책에서 보게 될 식물들은 대부분 그보다 너그러울 것이다.

식물을 돌보는 데 많은 시간과 에너지를 쓰고 싶지 않은 사람에게는 키우기 어려운 식물이 있을 수 있다. 식물을 돌보는 과정을 즐기지 않는다면 큰 식물을 많이 키우는 일이 부담스럽게 느껴질 것이다. 물을 한 번 주려고 해도 식물을 이리저리 옮기느라 한 시간이 걸린다면 분명 키우기 힘든 식물이라 생각할 만하다. 이 책은 물을 주기 쉬운 방식으로 식물을 관리하는 법을 알려줄 것이다. 또한 당신이 식물 돌보기 일정을 합리적으로 짤 수 있도록 도울 것이다.

모든 식물이 늘 '아름답기'를 바라고 잎도 절대 떨어뜨리지 말아야 한다고 기대하는 사람은 어떤 식물이든 돌보기 힘들다고 느낄 것이다. 확실히 말해두는데, 그런 기대는 사실상 비현실적이다. 그러니 죽은 잎을 치우는 일에 익숙해져야 한다. 새로운 잎에 양분을 주려면 오래된 잎들은 하나씩 줄어들 수밖에 없다. 당신이 온갖 노력을 쏟아부어도 식물의 외모는 불완전하기 마련이고, 화원에서 데려온 식물도 일단 당신의 집에 적응하고 나면 겉모습이 달라진다. 이러한 사실을 알게 되면 환경에 적응하는 식물들의 지략과 개성을 귀하게 여기게 된다.

물론 식물이 필요로 하는 것들을 이해하지 못하면 어떤 식물이든 돌보기 어렵다. 당신은 식물의 생존과 성장에 필요한 만큼의 빛을 줄 수 있는가? 흙의 수분 함량을 측정하는 법과 적절하게 물 주는 법을 알고 있는가? 이 책을 읽고 난 후에 당신은 식물 돌보기에 자신감을 갖게 될 것이다. 식물 돌보는 법을 제대로 알고 돌보게 될 테니 말이다! 당신이 제공하는 성장 환경과 돌봄의 방식을 이해하고 나면, 반려 식물에게 일어나는 '문제'의 많은 부분이 사실은 자연적인 과정이며, 식물의 생명을 위협하지도 않는다는 것을 알게 된다. 그리고 대부분 그 '문제'들은 식물이 아닌 당신의 문제이다. 반려 식물에게 갖는 기대를 바꾸고, 자연의 경로를 있는 그대로 받아들인다면 오래도록 식물과 함께 지내며 큰 즐거움을 얻을 수 있을 것이다.

산세베리아는 '쉬운' 식물로 분류된다. 창에서 떨어져 있어도 여러 해 동안 널찍한 잎을 유지하기 때문인데, 창에서 거리가 멀어질수록 물 주기 횟수를 줄여야 한다.

종려나무 잎이 누렇게 변하는 걸 막으려고 최선을 다했지만 막지 못했다면 종려나무는 돌보기 힘든 식물일까? 만약 당신이 종려나무에 대해 충분히 알고 이런 변화를 예상했다면 어땠을까?

1. 식물 돌보는 마음

반려 식물의 적응기

우리가 구입하는 반려 식물의 대부분이 집에서는 거의 재현하기 불가능한 환경에서 빠르게 길러진다. 그러므로 집에 도착한 모든 식물은 적응기를 거치게 된다. 원래 성장 환경과 비교했을 때 차이가 큰 조건이 있다면 더 힘든 적응기를 거칠 것이다. 적응기에 가장 큰 영향을 미치는 요소는 빛인데, 통풍과 물이 적절하다고 가정했을 때 빛은 식물의 성장 속도와 방향을 결정한다. '실내는 바깥보다 어둡다'와 같은 단순한 이야기가 아니다. 실내에서는 벽과 천장이 하늘을 가린다는 사실을 기억하라.

적응기 동안 오래된 잎이 누렇게 변하고, 잎끝이 갈색으로 타들어가고, 호리호리하게 웃자라거나 기우뚱하게 자라기도 한다. 몇 주나 몇 달이 지나면 오래된 잎이 죽는 속도와 새잎이 돋는 속도가 균형을 이루게 되고 당분간 식물은 안정된다. 어느 정도 시간이 흐르면 식물은 새로운 집에 가장 알맞은 모습을 갖추게 될 것이다. 다음 적응기는 분갈이를 하거나 흙을 보충해 줄 때 올 것이다. 당신은 변화하는 식물의 모습을 보며 괴로워할 수도 있겠지만, 적응기의 식물을 돕는 과정을 즐길 수도 있다. 죽은 잎을 치우고 보기 좋은 모양으로 가지치기를 해주면서 말이다.

주관적 수명

나는 한 식물을 즐길 수 있는 기간을 '주관적 수명'이라 부른다. 이는 식물의 실제 생존 가능 기간과는 구분되는 의미의 수명이다. 너무 작고 볼품없어서 아직 '판매 준비 중'인 어린 식물이 있는 것처럼 건강하게 성장하는 식물도 더 이상 보기에 좋지 않거나 돌보기

공간만 있다면 몬스테라는 여러 해 동안 즐길 수 있는 대형 식물이다.

힘든 정도까지 자라는 시점이 온다. 엄밀히 말해 살아 있긴 하지만 오랫동안 '보기 좋지 않은' 상태에 머무르는 식물도 있다. 살아 있는 모든 것이 그렇듯 식물도 시간이 흐르면 점차 모습이 변한다. 운이 좋다면 당신은 식물이 자라고 꽃을 피우고 자손을 생산하는 것까지 지켜보며 여러 해 즐거운 시간을 보냈을 것이다. 이젠 당신이 식물에게 도움을 줄 차례다. 다행히 당신에겐 몇 개의 선택지가 있다. 가지치기로 식물의 모양을 다듬거나 아예 새로 키울 수도 있고(줄기를 잘라 번식시킬 수 있을 것이다), 다른 번식 방법을 이용해 식물을 재탄생시킬 수도 있다. 식물이 어떻게 자라고 번식하는지만 이해한다면 식물의 생명을 연장할 방법을 찾을 수 있을 것이다. 실외 정원을 가꾸는 사람들은 다년생 식물과 일년생 식물의 삶의 주기에 익숙하다. 실내 가드너들도 마찬가지로 식물 돌보기를 즐기려면 자신이 키우는 식물의 서로 다른 생애 주기를 알고 있어야 한다. 당신은 조각품을 돌보고 있는 게 아니라는 것을 기억하라!

감탄스러울 만큼 오래 사는 반려 식물들도 있다. 심지어 몇몇은 세대를 이어가며 우리에게 영원히 즐거움을 주는 것처럼 보이기도 한다. 이런 식물들이 영원히 사는 것처럼 보이는 비결은 두 가지다. 하나는 생애 주기 내내 아름다운 모습을 유지하는 것이고 (가지치기가 필요한 식물도 있고, 아닌 식물도 있다) 다른 하나는 당신의 즐거움이 지속되도록 사실상 복제 생물에 다름없는 자손을 생산하는 것이다. 이 책은 이렇게 오래 즐길 수 있는 식물도 더러 소개하면서, 보기 좋은 형태를 잃어가는 식물을 소생시키는 기술도 다룰 것이다.

지나치게 과장된 '과습'의 위험

반려 식물을 처음 키우기 시작했을 때 나는 "물을 지나치게 주지 마라"라는 소리를 끊임없이 들었다. 이 말은 물을 많이 주는 것보다는 차라리 적게 주는 편이 낫다는 뜻으로 들린다. 하지만 물을 지나치게 주지 말라는 말의 정확한 의미는 무엇일까? 그냥 물을 조금씩 자주 주면 되나? 아니면 흙을 흠뻑 적시지 말라는 뜻일까? 조언 뒤로 자세한 설명이 따라붙을 때가 거의 없다 보니 식물집사들은 물을 줄 때마다 늘 불안해하곤 한다. 또한 이런 조언을 자꾸 듣다 보면 물 주기가 식물을 돌보는 사람의 유일한 책임인 것처럼 생각하게 된다. 이 책을 읽으면 빛의 양에 따라 식물이 사용하는 물의 양도 달라진다는 사실을 이해하게 될 것이다. 그리고 토양 통풍이 토양 구조의 유지에 어떻게 도움이 되는지도 알게 된다. 적절한 빛을 받고 뿌리가 행복하다면 식물은 제 할 일을 하기 마련이고, 제 할 일을 하는 식물은 제공된 물을 적절히 다 사용할 것이다.

빛이 '적은' 환경 vs 빛이 '없는' 환경

이 책에서 배우게 될 가장 중요한 기술은 식물이 받는 빛의 세기를 측정하는 법이다. 식물의 주식은 비료가 아닌 빛이다. 식물은 빛을 '먹고' 탄수화물을 생산한다. '빛이 적은 실내에서 키우기 좋은 식물 10'이나 '그늘에서도 잘 자라는 식물' 같은 유혹적인 제목의 글을 많이 접하지만 '그늘'의 정의가 무엇인지, '잘 자란다'는 것은 어떻게 자란다는 것인지 혼란스럽다. 대체로 이런 글에 언급되는 '빛이 적은 그늘'은 당신이 생각하는 것보다는 밝다. 그늘에서도 잘 크는 식물을 말할 때 원예가들은 하루 최고 조도 50~100풋캔들footcandle, FC의 환경을 염두에 둔다. 창이 없는 사무실의 인공조명은 당신에게는 밝게 느껴지겠지만 사실 당신의 책상에 30풋캔들 정도의 빛만 비출 수 있다. 물론 그곳에서도 식물은 살아남을 수 있겠지만 잘 자라기는 거의 불가능하다! 사실, 식물이 지독한 적응기를 겪으며 잎의 80~90퍼센트를 떨어뜨릴 때면 사람들은 대부분 그 식물이 죽었다고 생각해 버린다.

게다가 그늘에 있는 식물은 밝은 곳에서 자라는 식물에 비해 물이 훨씬 적게 필요하다. 당신이 제공한 환경에 따라 식물의 필요가 어떻게 달라지는지 이해하고, 그에 맞게 효과적으로 돌보는 집사가 될 수 있다면, 인터넷에 돌고 도는 식물별 지시사항에 더 이상 의존하지 않아도 될 것이다.

식물을 돌보는 이유

자연은 삶과 죽음, 아름다움과 부패, 성장과 쇠락 사이에서 균형을 이룬다. 알맞은 장소에 있는 식물은 시각적 즐거움을 넘어 깊은 만족감을 준다. 이는 식물의 필요를 살피고, 자라는 과정을 지켜보고, 더 나아가 식물의 죽음을 애도하면서 느끼게 되는 만족감이다. 식물의 적응기를 이해하고, 반려 식물에게 주관적 수명이 있음을 받아들이고 나면 식물이 예전과 달라졌을 때 느끼는 실망감과 좌절감에서 벗어날 수 있다. 당신이 여러 해 동안 돌보고 가꾼 당신의 반려 식물만이 갖게 되는 특별한 개성을 음미하게 되길 바란다. 그리고 흥미를 잃은 지 오래인 식물이 있다면 다른 사람에게 주거나 번식을 시켜보는 것도 좋다. 반려 식물에게 제공하는 환경을 이해하고 그들을 위해 최선을 다하면서 자연이 갈 길을 가도록 해라. 그것이 '그린썸Greenthumb'식물을 키우는 데 재능이 있는 사람을 일컫는 말이라 불리는 사람들의 특징이다.

식물이 어느 특정한 순간에 어떻게 보이는지가 아니라 어떻게 자라는지를 깊이 이해한다면 식물집사로서 훨씬 좋은 경험을 하게 될 것이다.

비료는 식물의 성장을 돕는다. 그러나 식물을 성장시키지는 않는다. 식물을 성장시키는 것은 빛이다.

2.

식물을 위한 집

인스타그램 최대의 반려 식물 계정 '어번정글블로그@urbanjungleblog'와 '하우스플랜트클럽@houseplantclub'의 피드를 얼른 훑어보라. 주거 공간에서 무럭무럭 자라는 식물의 매력에 깜짝 놀랄 것이다. 이렇게 무럭무럭 자라는 식물들은 한 공간이 건강하다는 느낌과 함께 활력을 전해준다. 아마 당신은 진짜 식물집사의 공간과 '이 어두운 구석에 식물로 활기를 주자'는 의도의 공간을 한눈에 구별해 낼 수 있을 것이다.

왜 그럴까? 식물의 모습은 그 식물에게 제공된 환경을 직접적으로 반영하고 있기 때문이다. 그래서 나는 쇼핑몰 에스컬레이터 밑에 장식된 멋진 식물이 가득 심긴 화분들을 지나칠 때면 오싹해지곤 한다. 화원을 운영하는 내 친구는 이렇게 말하기도 했다. "천천히 죽어가라고 저기에 갖다 놓은 거나 다름없어." 식물이 제집처럼 편하게 느끼는 공간의 열쇠는 적절한 빛에 있다.

누군가 '빛이 적은' 곳이란 빛이 없는 곳을 뜻한다고 오해한 탓에 반려 식물들은 어두운 구석으로 밀려나곤 한다. 여기 비참한 삶의 문턱에 들어선 스킨답서스 '마블퀸'이 있다.

나는 새 보금자리를 마련해 이 스킨답서스를 구조했다. 이제 식물은 머리 위 천창으로 들어오는 밝은 간접광을 즐긴다.

식물들은 실제로 자신이 자라는 장소에서 찍혔을 때 더 건강해 보인다. "여기가 우리 집이야!"라고 말하는 것 같다. 다시 말하지만, 핵심은 빛이다.

몬스테라는 공간에 포인트를 주는 용도로 언제나 인기 있는 식물이다.

목재와 토분은 식물과 늘 잘 어울린다!

반려 식물의 천이

'천이 succession'라는 개념은 한 자연 군락(숲일 수도 있고 초원일 수도 있다)이 성숙하는 과정에서 서로 다른 종들이 군락을 지배하게 되는 것을 뜻한다. 반려 식물 군락의 변천도 이와 비슷하게 생각해 볼 수 있다. 실내에서 지내는 반려 식물들의 변천에는 대자연과 함께 당신도 영향을 미친다.

1단계

반려 식물의 천이에서 처음으로 군락을 장악하는 것은 아마 '견본 식물 specimen plant'일 것이다. 견본 식물이란 혼자 있어도 한 공간에 시각적인 포인트를 줄 수 있는 형태와 잎을 가진 식물을 말한다. 견본 식물의 화분은 식물과 조화를 이루거나 평범해서 눈에 띄지 않는 편이 좋다(초점이 식물에 있기 때문이다). 행운목처럼 정연한 줄기와 잎을 지닌 대형 식물들이 대표적인 견본 식물이다. 6인치 화분에 심은 스킨답서스처럼 작은 식물도 적절히 배치하면 매혹적인 견본 식물이 될 수 있다. 견본 식물을 늘 빛나게 돌보려면 힘들 수 있으니 손이 덜 가도 근사한 외양을 유지하는 식물을 고르는 것이 좋다. 빛이 잘 드는 자리와 인테리어에 좋은 자리 또한 다를 수 있는데, 이 책을 읽고 나면 견본 식물을 돌보는 방법과 배치하기에 적절한 장소를 알게 될 것이다.

2단계

식물이 많아지기 시작하면 자연스럽게 여러 식물을 함께 전시하는 공간을 만들게 된다. '#플랜트셀피 #Plantshelfie'책이나 수집품 등 자신의 취미로 가득 채운 선반 사진을 올리는 SNS의 문화를 가르키는 셀피(shelfie, 선반을 뜻하는 shelf와 셀피 selfie의 합성어)에 식물 Plant을 더한 표현나 식물로 북적이는 퇴창이 떠오를 것이다. 식물을 그럴듯하게 전시하고 싶다면 밝은 간접광

이 모든 식물에 닿을 수 있도록 해야 한다(모든 식물이 하늘을 조금씩 볼 수 있게 해야 한다는 뜻이다). 통일감을 주는 화분을 사용하는 것도 좋지만 악센트를 어느 정도 주면서 화분을 잡다하게 섞는 방법도 과감하게 시도해 볼 만하다. 만약 식물을 위아래로 배치한다면 인테리어와 생장 환경, 관리의 용이성을 잘 절충해야 함을 잊지 마라.

3단계

이제 당신의 집은 성숙한 정글이 되었다. 시선을 돌리는 곳마다 나뭇잎들이 보인다. 이쯤 되면 사실상 화분은 보이지 않고, 식물들은 물 주기 편하게 배치될 것이다(이를테면, 여러 화분을 함께 넣어 두는 통이 생길 것이다). 식물들이 거의 숲을 이루게 되면서, 공간에 성숙한 반려 식물들의 개성이 스민다. 아마 많은 인테리어 디자이너들이 이런 실내 정글을 보고 '지나치게 무성하다'고 말하겠지만 매혹적이라고 생각할 사람도 있을 것이다. 진짜 성숙한 생장 공간은 활력을 뿜어낸다. 식물들이 "우리는 이 자리에서 여러 해 동안 행복하게 컸답니다!"라고 말하는 것처럼 보인다.

가끔은 식물의 수보다는 성숙함의 정도가 중요하다. 사진 속 계단 공간에는 식물이 십여 개밖에 없지만, 식물들이 공간과 어우러지며 자란 모습에서 이 공간의 진정한 매력이 나온다.

식물로 가득한 퇴창. 몇몇 성숙한 견본 식물로 악센트를 주었다.

성숙한 정글이란 단지 식물로 가득 찬 공간이 아니라 식물들이 환경에 맞게 자라난 실내 열대 정원을 뜻한다.

2. 식물을 위한 집

**선호하는
반려 식물의
스타일**

사람마다 선호하는 음악 스타일이 다르듯, 식물에도 각자만의 취향이 있다. 나는 열대 관엽식물을 좋아한다. 그러므로 2부의 '반려 식물을 위한 일기' 부분에서는 주로 열대 식물이 등장할 것이다. 그렇더라도 식물 돌보기의 기본 원칙은 종류에 상관없이 모든 식물에 적용할 수 있으므로, 모든 식물에게 기본적으로 필요한 것을 기억하면 된다. "적절한 빛과 물을 공급하고 뿌리가 행복해하도록 흙을 관리하라." 이 기본 원칙을 이해하고 나면 당신은 어떤 식물이든 키울 수 있다. 이렇게 넓은 관점에서 보아야 어떤 식물을 집에 들여도, 이들을 적절히 돌볼 지식과 식물집사로서의 확신을 키울 수 있다. 당신의 집에 식물이 어떻게 반응하는지 관찰하면서 말이다. 특정 식물에 대한 구체적인 지식이 없다고 더 이상 난감해하지도 않을 것이다.

내가 키우는 다육식물은 아니지만 보살핌을 잘 받고 있는 식물들을 보면 기분이 좋아진다.

내가 선호하는 식물의 종류는 열대 관엽식물이다. 잎의 다양한 형태와 색, 다채로운 무늬에 마음을 빼앗겼다.

3.

반려 식물 이해하기

식물을 이해하고 잘 보살피려면 식물의 생리에 대해 조금이라도 알아두는 것이 좋다. '광합성'이라는 단어를 들어봤을 것이다. 식물이 빛 에너지를 화학 에너지, 즉 탄수화물이나 당으로 바꾸는 과정이다. 식물의 잎을 초록색으로 보이게 하는 엽록소에 광자가 닿으면 공기 중의 이산화탄소와 잎 속의 물이 만나며 반응이 일어나고 산소와 탄수화물이 만들어진다. 이때 산소는 다시 대기로 방출되어 산소를 호흡하는 (우리 같은) 동물에게 혜택을 주고 탄수화물은 식물의 성장에 쓰인다. 이것이 식물에서 일어나는 생명의 순환이다.

이처럼 식물은 빛을 먹는 존재다. 식물에게는 물이나 비료보다 빛이 기본적인 식량이다. 물을 생명을 유지하는 탄수화물로 바꿔주는 빛이 없다면 식물이 흙에서 끌어 올린 물은 잎 세포에 그냥 축적되어 결국 세포들을 터트리거나 익사시킨다. 그리고 탄수화물이 없으므로 식물은 성장을 멈춘다. 빛이 들지 않는 구석에서 굶주리며 잎이 갈색으로 변해가는 식물을 본 적이 있을 것이다. 다행히 각각의 식물마다 필요로 하는 빛의 정도가 다르기 때문에 우리는 실내에서도 식물을 키울 수 있다. 특히 열대 관엽식물 중 많은 수가 강렬한 빛을 가리는 나무들 아래에서 살 수 있도록 진화했기 때문에 직사광이 없는 환경에서도 잘 자란다. 흔히 '밝은 간접광'이라 부르는 정도의 빛만 있으면 좋은 상태를 유지할 수 있

무채색 화분은 서로 다른 색조의 초록 잎들 모두와 근사하게 어울린다.

다. 우리가 아끼는 실내 식물 중 많은 종류가 열대지방 출신인 이유가 여기에 있다. 이들에게는 빛이 그다지 많이 필요치 않고, 기온 변화가 크지 않은 기후에서 태어났으므로 실내 기온에서도 잘 지낸다. 그래도 충분한 빛을 주지 않으면 똑같이 굶주릴 것이다.

주어진 환경에 적응한 식물들

어떤 식물이든 한번 관찰해 보라. 식물의 형태는 그 식물에게 일상적으로 필요한 빛과 물에 대해 많은 정보를 말해준다. 사막 한복판에는 키가 크고 잎이 많은 드라세나가 없고, 열대우림 바닥에는 귀여운 다육식물이 없다. 여기에는 다 이유가 있다. 자연선택 때문에 식물들은 그들이 자리한 환경에서 빛과 습기, 온도를 비롯한 여러 조건을 최대한 활용할 수 있게 적응한다. 열대식물의 풍성한 잎은 이 식물이 빛은 약하지만 물은 풍부한 환경에서 자라왔음을 말해준다. 이들의 얇은 진녹색 잎에는 물을 저장할 공간이 거의 없지만 우거진 나뭇잎 사이로 조금씩 떨어지는 광자를 붙들기 위한 엽록소는 풍부하다. 이들에게는 밝은 간접광이 적절하다. 당신이 할 일은 이들을 계속 촉촉하게 유지해 주는 일이다. 반면에 선인장과 다육식물은 태양광은 강렬하지만 물이 부족한 사막의 환경에서 살아남기 위해 진화했다. 이들의 잎은 수분을 지키는 연녹색 요새로, 가시의 보호를 받기도 한다. 이들은 엽록소를 만드는 것보다 물을 저장하는 일에 더 많은 노력을 기울인다. 그러므로 이 식물들이 햇빛을 흠뻑 받을 수 있도록 해 주어야 한다. 그 대신 물은 가끔씩만 줘도 잘 자란다.

여러 종류의 식물이 가지는 서로 다른 특징들에 대해 더 잘 알게 되면 당신의 집이 제공하는 생장 조건에 맞게 식물을 돌볼 수 있

상업 재배자들은 열대 관엽식물이 빨리 성장하도록 차양을 사용해 햇빛을 적절하게 약화시킨다. 또한 물과 공기가 순환할 수 있도록 망선반을 이용한다.

다. 열대 관엽식물에게 필요한 밝은 간접광이 집의 어느 부분에서 들어오는지 알게 될 것이다. 대사 작용을 할 만큼 충분한 빛을 받지 못하는 식물이 있다면 물을 적게 주게 될 것이다. 그리고 전문가의 '조언'에 의존하기보다, 당신이 경험을 통해 직접 얻은 지식과 관찰에 기대어 식물을 돌보게 될 것이다.

당신이 집에 들이는 식물 대부분은 상업용 온실에서 키워졌고, 동시에 모두 자연환경에서 진화해 온 식물의 후손이다. 상업용 온실과 자연, 두 환경 모두 식물에게 적절한 빛과 물, 흙을 제공한다. 집에서 이 둘을 따라 하기는 힘들 것이다. 식물의 필요를 완벽하게 맞춰주는 환경에서 자랐던 식물들이 당신의 집에 도착했을 때 당연히 적응기를 거친다. 아마 오래된 잎들이 떨어질 것이다. 잎을 얼마나 잃게 될지는 빛의 양이 얼마나 감소하는지에 달려 있다. 새로 들인 식물이 몇 개의 잎을 떨어뜨리고, 대칭적인 형태를 잃어갈 때 절망하는 대신 새로운 환경에 적응해 가는 식물의 능력에 감탄했으면 좋겠다. 집에 데려오던 날만큼 완벽한 모습이 아니더라도, 식물이 자라나는 방식을 더 깊이 이해한다면 마음이 덜 아플 것이다.

화원의 삶

화원을 식물들이 편안히 쉴 수 있는 스파 같은 곳이라 생각한다면 오해다. 오히려 화원은 강도 높은 훈련소에 가깝다. 화원의 환경은 식물을 판매 가능한 크기와 형태로 최대한 빨리 키워내기 위해 왕성한 성장에 최적화되어 있다. 잘 훈련된 운동선수의 몸을 상상해 보라. 그의 체형과 근육은 강도 높은 훈련의 결과다. 이제 그가 당신의 집에서 지내게 되었다고 가정해 보라. 당신에게는 세계적 수준의 훈련 장비가 있는가? 당신은 그가 평소에 먹던 최고의 영양보조제를 줄 수 있는가? 아마 그러지 못할 것이다. 그러면 그는 당신의 집에서 몇 달을 지낸 후 근육량이 감소할 것이고, 아마 체형도 조금 달라질 것이다. 그때 당신은 그가 죽어가고 있다고 말할 텐가? 물론 아니다! 그렇다면 그는 여전히 건강한가? 현재 상황에서 최선을 다하고 있다고 말할 수 있다. 당신의 반려 식물도 마찬가지다. 훈련장을 떠난 운동선수가 근육을 잃는 것처럼 화원을 떠난 식물은 오래된 잎을 떨어뜨리면서 화원 밖의 삶에 적응한다.

당신의 식물들이 화원에서 누리던 환경을 집이나 식물 전문점의 환경과 비교해 보자.

빛

화원은 열대 관엽식물의 성장에 완벽한 세기의 빛을 제공한다. 직사광은 차양으로 가려준다. 빛은 식물의 머리 위로 막힘없이 곧장 떨어지는데, 이렇게 하면 식물이 곧게 자랄 수 있다. 집 창문 옆에 서서 당신이 볼 수 있는 하늘이 얼마나 제한적인지, 천장과 벽이 하늘을 얼마나 가로막고 있는지 관찰해 보라.

물

화원의 물은 식물의 잎을 태울 수 있는 화학물질을 제거하기 위한 특별 처리 과정을 거칠 것이다. 또한 바닥이 젖는 것을 걱정할 필요가 없으므로 이렇게 처리된 물을 마음껏 주며 토양의 수분을 고르게 유지할 수 있다. 남은 물은 화분을 통과해 바닥으로 쉽게

배수되며 바닥에 떨어진 물이 증발하면서 공간의 습도를 유지해준다. 반면 당신이 식물에게 주는 물은 염소를 비롯한 각종 화학 물질로 가득할 것이다. 당신에게는 좋을지 몰라도 식물에게는 해로울 수 있다. 게다가 집에서는 화원에서만큼 정밀하게 물을 주거나, 물을 빠지게 하기 어렵다.

토양 관리

대부분의 화원은 피트모스와 펄라이트를 주성분으로 한 단순한 배양토를 사용한다. 영양제는 직접 물에 녹여 쓴다. 화분의 위아래가 모두 공기에 노출되어 있으므로 뿌리에 공기가 잘 통한다(화원용 플라스틱 화분 바닥에 뚫린 배수공으로도 공기가 들어온다). 반면 집에 사는 식물들은 배수가 전혀 안 되는 화분에 심어지기도 한다. 그러면 물을 너무 적게 준 탓에 흙이 단단해지거나 너무 많이 준 탓에 물에 잠기곤 한다.

공기

화원의 공기는 순환이 잘 되고 습하기 때문에 식물의 가스교환gas exchange, 생물체가 외계로부터 산소를 빨아들이고 외계로 이산화탄소를 내보내는 일에 효율적이다. 그에 비하면 집 안의 공기는 답답하다.

온도

일반적으로 식물은 따뜻한 낮과 시원한 밤을 좋아한다. 식물마다 최적의 온도는 다르지만, 어둠에서 쉴 때는 모두 낮보다 시원한 온도를 선호한다. 화원은 사람이 살기 좋은 환경에 맞춰진 일반 가정보다 낮과 밤의 기온 차를 크게 낼 수 있다.

식물의 형태

화원은 식물을 보기 좋은 대칭형 상품으로 자라게 할 기술과 도구, 환경을 갖추고 있다. 화원에서 자란 식물은 집에 적응하는 동안 실내에서 구할 수 있는 빛을 향해 몸을 뻗으면서 그들만의 독특한 형태를 갖게 된다.

자연의 삶

우리가 집에서 키우는 식물 중 많은 식물의 고향인 열대우림에 간다면 그 식물들이 화원에서처럼 '완벽'한 형태로 자라지 않는다는 사실을 깨닫게 될 것이다. 잘해봐야 무성하고 생명력으로 충만해 보이는 정도일 것이다. 다소 단정치 못한 채로 말이다. 편안한 공간을 조금 벗어난 곳에서 자라나는 식물들은 그곳에 적응하려고 애쓰는 것처럼 보인다. 장애물의 위, 혹은 주위로 줄기를 뻗거나, 장애물에 가려지지 않은 줄기 끄트머리들에만 잎을 틔우기도 한다. 식물의 이런 행동은 반려 식물을 키우는 식물집사들에게 중요한 가르침을 준다.

당신의 식물들이 자연에서 누리던 환경을 집이나 식물 전문점의 환경과 비교해 보자.

빛

열대 관엽식물이 즐기는 '그늘'은 우거진 숲의 나뭇잎 사이로 여과된 빛이 들어오는 곳을 뜻한다. '그늘'이라고 불리긴 하지만 집 안에서 창문과 멀리 떨어진 곳보다는 훨씬 환하다. 따라서 창문 근처

3. 반려 식물 이해하기

에 식물을 두어야 숲과 비슷한 정도의 빛을 제공할 수 있다.

물

실내 식물이 찾는 성배가 있다면 그건 빗물이 담긴 성배일 것이다! 하지만 모든 빗물이 같진 않다. 건물 지붕에서 흘러내리는 빗물은 잎이 우거진 숲에서 똑똑 떨어지는 빗물보다는 덜 매력적이다. 실내에서 지내는 반려 식물들에게 순수한 빗물을 제공할 수는 없겠지만 다행히 열대 식물 대부분은 수돗물도 잘 견딘다.

토양 관리

흙에 사는 생물들 덕분에 자연은 늘 최고의 토양을 제공한다. 식물들은 달콤한 물질을 발산하며 박테리아와 균류, 그리고 그들과 연결된 먹이 사슬을 유인한다. 미생물부터 곤충, 동물에 이르는 생물들이 토양의 양분을 끊임없이 보충하고 뿌리가 건강할 수 있도록 토양 구조를 관리한다. 또한 곤충과 벌레들은 뿌리 근처를 파고들면서 토양에 공기가 잘 통하게 한다. 식물을 실내에 들일 때 당신은 이 모든 혜택을 포기하는 것이다. 대신에 토양을 건강하게 유지할 수 있는 쉬운 방법을 알려주겠다.

공기

식물은 자연적인 공기의 흐름과 습도 변화에 익숙하다. 그에 비하면 당신 집의 공기는 답답할 것이다.

온도

식물은 낮에는 비교적 높고 밤에는 비교적 낮은 기온을 선호하지만 우리가 사는 집은 온도 조절 장치가 있기 때문에 온도 변화가 크지 않다. 반면 자연은 집, 심지어 화원보다도 온도 변화가 크다.

식물의 형태

자연의 법칙은 적자생존이지 가장 아름다운 생물의 생존이 아니다! 강한 바람이나 커다란 동물 때문에 줄기가 쪼개질 수도 있고, 배고픈 초식동물에게 잎을 뜯어 먹힐 수도 있다. 이때 맛이 없어야 뜯어 먹기를 멈출 것이다(열대 관엽식물은 대부분 약간의 독성을 갖고 있다). 무슨 말인가 하면 자연에서 자라는 식물은 화원에서 판매 가능한 상품으로 여기는 식물의 형태로 자라지 않는다는 말이다. 그런 의미에서 화원에서 완벽히 길러진 식물보다는 당신의 집에 적응한 식물이 자연 속 식물과 공통점이 더 많을 것이다.

4.

거시적 돌봄

'거시적 돌봄'이란 식물에게 적절한 실내 환경을 제공하는 데 중점을 두는 돌봄을 말한다. 그러려면 무작정 누군가의 조언을 따르기보다, 직접 식물을 관찰하고 식물의 필요를 판단해야 한다. 또한, 식물의 생애 주기를 이해하고 받아들이는 것이 필요하다. 식물 돌봄에 관한 대부분의 정보는 식물 전문점에서 새로 구입할 식물을 계산할 때 가게 주인이 지나가는 말로 건네는 조언처럼 짧다. 출발점으로는 도움이 되지만 그 식물에 대해, 혹은 장기적으로 그 식물에게 무엇을 기대해야 하는지에 대해 근본적으로 알려주지는 않는다.

식물의 상태에 영향을 미치는 핵심 요소들을 들여다보자. 토양 위로는 빛, 통풍, 온도, 습도 등의 요소가 있다. 토양 밑으로는 습도와 통풍, 영양 등의 요소를 신경 써야 한다. 식물집사로서 당신은 어느 요소에 노력을 기울일지 결정해야 한다. 적절한 빛을 제공하기 위해 얼마나 애쓸 마음이 있는가? 식물이 지내는 환경의 습도를 올리기 위해 시간을 들일 가치가 있다고 생각하는가? 반려 식물에 맞춰 당신의 생활 방식을 얼마나 변화시킬 의지가 있는가?

실내 식물의 건강에 영향을 미치는 요소
(중요도에 따라)

① 빛
② 물
③ 토양 구조
④ 토양 영양
⑤ 온도
⑥ 습도

4. 거시적 돌봄

이 모든 요소들이 식물의 건강에 어느 정도 영향을 미치지만 앞의 세 가지, 즉 빛과 물, 토양 구조가 가장 중요하다. 내가 일반적으로 주는 조언은 이렇다. 식물에게 적절한 빛을 주라. 식물이 받는 빛에 맞춰 물을 주라. 그리고 가끔은 토양을 통풍시켜라.

당신이 키우게 될 대부분의 식물에게 온도와 습도는 비교적 중요한 요소가 아니다. 우리가 편안하다고 느끼는 실내 환경이라면 식물도 대체로 편안해한다. 집의 온도나 습도가 편안하지 않은 상태가 되면 식물들이 불평하기도 전에 당신이 조치를 취할 것이다!

식물의 건강에 영향을 미치는 요소들의 중요도와 이들의 상호작용에 대해 더 알아보자.

빛

어떤 식물에게든 빛의 세기는 크게 세 가지 범위로 작용한다. 생존을 위한 최소한의 빛, 성장에 적절한 빛, 성장을 위한 최대한의 빛. 빛의 세기를 측정하는 몇 가지 도구와 요령에 대해서는 5장에서 안내하겠다. 이 책에 실린 식물 소개를 읽어보면 생존을 위한 빛의 정도는 식물의 종류에 따라 다르다는 사실을 알게 될 것이다. 하지만 굶주릴 때에도 다른 식물보다 더 건강해 보이는 식물이 있다는 점에 주의하라!

빛과 물 주기

식물이 빛을 더 많이 받을수록(빛의 세기와 지속시간 모두를 측정했을 때) 더 많은 물이 광합성으로 소비된다. 직사광이 비추는 곳에서 식물은 잎의 구멍(기공)으로 수분을 발산해 몸을 식힌다. 따라서 빛이 좋은 곳에서 성장하는 식물은 쉽게 갈증을 느낀다. 반면 빛이 적은 곳에서 지내는 식물은 대사 작용이 느려지므로 밝은 곳에 있을 때보다 더 오랫동안 흙에 수분을 간직한다. 사용되지 않고 흙에 남은 수분은 식물의 뿌리를 썩게 하거나 다른 문제를 일으킬 수 있다. 집에서 키우는 반려 식물의 상황에 주의를 기울이고 식물이 얼마나 갈증을 느끼고 있는지 알아보는 법을 배우면 식물의 필요에 맞춰 물 주기 전략을 세울 수 있다.

식물과 물 주기

다육식물은 비가 자주 내리지 않는 곳에 적응했기 때문에 긴 건조기에 사용할 수 있도록 물을 잎에 저장한다. 반면에 잎이 풍성한 열대우림 식물은 가뭄을 걱정할 필요가 없는 곳에서 자랐으므로 물을 저장하지 않는다. 이런 특성들은 실내 환경의 식물에게 물을 줄 때도 영향을 미친다. 대체로 잎이 많은 식물일수록 늘 촉촉한 흙을 선호한다. 반면에 선인장과 다육식물은 대체로 흙이 완전히 마른 상태를 좋아한다. 식물이 놓인 빛 환경을 세심하게 관찰한다면 이 정도의 정보만으로도 얼마나 많이 혹은 자주 물을 줘야 할지 알 수 있다.

온도

이 책은 당신이 거주하는 집 안에서 식물을 돌보는 법을 다룬다. 당신이 편안하다고 느낀다면 집 안의 식물들도 대체로 편안하다고 느낄 것이다. 온도 때문에 식물이 손상되는 사고는 흔히 식물을 차에 두었을 때 일어난다. 실외 온도가 아이를 차에 남겨두어서는 안 될 정도라면 식물도 남겨두면 안 된다.

습도

습도를 올리는 법에 대한 온갖 비결과 요령이 많이 나돈다. 이른바 '건조한 중앙난방 가정'에서 식물들이 얼마나 슬퍼하는지에 대한 이야기도 들려온다. 거의 괴담 수준이다! 당신이 혹시라도 아주 건조한 기후에 살고 있다면 가습기로 습도를 올리는 것이 가장 좋은 방법이다. 분무기로 물을 뿌리느라 고생하지 마라. 그건 성냥불로 방을 덥히는 정도의 효과밖에 없다.

빛과 비료

비료는 흙의 미량 영양소가 고갈됐을 때 이를 보충해 준다. 이런 영양소는 식물이 빠른 속도로 자랄 때만 고갈된다. 밝은 빛에서 무럭무럭 자라는 식물을 보면 비료를 주고 싶을 것이다. 그러나 빛을 잘 받지 못하는 식물이라면 느리게 자라더라도 비료는 건너뛰는 것이 좋다. 화분 속 흙의 영양소가 아마 분갈이가 필요할 시점까지도 남아 있을 테고 분갈이를 하면 새로운 흙이 새로운 영양소를 공급할 것이다.

요약

- 빛은 당신의 식물이 어떻게 성장할지를 결정하는 요인이다.
- 다른 요소들은 식물의 성장에 따라 조절해야 한다.
- 이 요소들을 당신이 얼마나 통제할 수 있는지는 현실적으로 판단하라.

4. 거시적 돌봄

5.

빛

반려 식물을 키우며 좌절하는 경험은 대개 빛에 대한 오해 때문에 생긴다. 식물이 무럭무럭 자라기 위해 필요한 빛의 양을 일컫는 표현들(양지, 반양지, 음지, 밝은 간접광, 저광)은 대체로 모호하다. 실내에서 기르는 반려 식물들은 선인장과 다육식물, 몇몇 꽃 피는 식물만 빼면 대체로 원예가들이 '밝은 간접광'이라 부르는 정도의 빛을 좋아한다. 식물 돌봄에 관한 대부분의 조언들은 빛에 대한 이야기를 이 정도에서 끝내고, 식물집사들이 식물을 위해 해야 할 물 주기와 비료 주기에 관한 이야기로 재빨리 넘어간다. 하지만 식물이 해야 할 일은 어떤가? 생존과 성장이라는 식물의 일에 에너지를 제공하는 것은 바로 빛이다. 식물이 빛을 적절히 받지 못하면 우리가 아무리 물과 비료를 준다고 해도 소용이 없다.

"제 방에는 햇빛이 아예 안 들어와요"라는 말을 자주 듣는다. 하지만 "햇빛이 안 들어온다"는 그 방에도 아마 창문이 있을 것이다. 그 창문으로 식물이 필요한 빛을 받고 있는지 어떻게 알 수 있을까? 나는 이 문제에 대해 많이 생각해 보았는데, 내 대답은 이렇다. 항상 최대한의 햇빛을 받아야 하는 식물은 많지 않지만, 그래도 모든 식물은 낮 시간에 가능하면 하늘을 많이 보는 것이 좋다. 빛에 대한 우리의 이해는 왜 부족할까? 우리가 식물과 함께 지내는 실내 환경을 생각해 보자. 우리가 편안하게 여기는 온도에서 식물도 대체로 편안함을 느낀다. 화분의 흙이 건조한지 촉촉한지 판단하는 일도 어렵지 않다. 만져보는 것만으로도 두 상태를 쉽게 구별할 수 있기 때문이다. 반면에 빛은 동물과 식물이 무척 다르게 경험한다. 인간은 주변의 환경을 세세히 보며 파악하기

5. 빛

위해 빛을 사용하는 반면 식물은 식량을 만들기 위해 빛을 사용한다. 우리는 창에서 멀리 떨어진 구석까지도 잘 볼 수 있지만 그 구석에 사는 식물은 굶주리고 있을 수 있다. 그래도 우리는 그들의 배고픈 절규를 듣지 못할 것이다! 생존을 위해 인간은 어두운 구석에서 벌어지는 일을 볼 수 있도록 진화했다. 빛의 양에 상관없이 모든 장면을 가능한 한 밝게 볼 수 있도록 진화했기 때문에, 우리의 시각 체계는 빛의 세기를 측정하는 데 예민하지 않다. 우리 눈으로는 어두운 구석에 있는 식물이 실제로 어느 정도의 빛을 받고 있는지 알 수 없다는 뜻이다. 그러므로 빛이 적절한 식물 돌보기의 필수 요소라면 우리는 빛을 측정하는 일에 더 능숙해져야 한다. 자, 이제 빛을 측정해 볼 시간이다.

식물이 보는 빛을 측정하기

#내식물은무엇을보는가

"이 공간은 얼마나 밝지?"라고 묻는 대신 "이곳에서 내 식물은 어떤 빛을 볼 수 있을까?"라고 물어보자. 하루가 가고 계절이 흐르는 동안 빛이 어떻게 달라지는지 생각해 보라. 그리고 식물의 잎 높이로 눈을 낮추고(또는 높이고) 식물의 입장이 되어보는 것이다. 가장 가까운 창문(들)까지 시선을 직선으로 옮겨본 후, 아래 표에 밝기 순으로 정리된 빛의 유형 중 내 식물이 받고 있는 빛은 어디에 해당하는지 생각해 보자. 이 체크리스트를 활용하면 집의 특정 장소에 있는 식물이 어느 정도의 빛을 받고 있는지 더 잘 파악할 수 있다.

실내의 반려 식물 대부분은 '밝은 간접광'에서 잘 자란다. 유형 2a와 2b, 혹은 유형 3의 빛 중 하나, 혹은 이 모두를 본다면 밝은 간접광을 받는 식물이다. 식물이 태양을 장시간 볼 때가 있다면 (유형 1의 빛에 해당한다) 직사광을 견디는 식물인지 확인해야 한다. 이 체크리스트로 빛의 세기를 짐작할 때는 창문 크기 혹은 식물과 창문 사이의 거리가 중요하다. 집 창문을 더 크게 만들 수는 없지만 식물을 옮길 수는 있다. 열대 관엽식물에게 가장 좋은 장소는 직사광을 가리거나 산란시키는 하얀 커튼이 있는, 창문과 최대한 가까운 곳이다. 그곳에서라면 식물은 하늘도 많이 볼 수 있다.

#내식물은무엇을보는가 #WhatMyPlantSees

유형 1 - 직사광	식물의 시선이 똑바로 태양을 향한다. 식물이 받을 수 있는 가장 강렬한 빛이다. 열대 관엽식물 대부분은 이런 빛을 3~4시간 넘게 견디지 못한다. 반면에 선인장과 다육식물은 이런 빛을 좋아한다.
유형 2a - 여과된 햇빛 / 산란된 햇빛	식물은 부분적으로 가려진 해를 본다. 예를 들어, 나뭇잎 사이로 비치는 햇빛이나, 얇은 커튼을 통해 들어오는 햇빛에 해당한다.
유형 2b - 반사된 햇빛	식물은 해를 직접 보지는 못하지만 직사광을 받아 빛나는 물체나 표면을 본다.
유형 3 - 하늘 빛	맑은 날, 식물은 파란 하늘을 본다. 이 유형은 측정하기가 쉽다. 빛의 세기는 낮 동안 달라지지만 한 장소에서 식물이 보는 하늘의 양은 달라지지 않기 때문이다.

이 하트리프 필로덴드론은 무엇을 보고 있을까?

① 선반 꼭대기의 필로덴드론은 어떤 빛을 보고 있을까? 창문과 하얀 블라인드에 부딪혀 튕겨 나오는 유형 2b(반사된 햇빛)의 빛을 본다. 창문에 더 가까운 식물과 비교했을 때 비교적 밝기가 낮은 간접광을 받고 있지만, 그래도 창문이 아예 보이지 않는 곳보다는 더 많은 빛을 받고 있을 것이다. 창문 가까이에 있는 몬스테라는 어떨까? 이 식물은 무엇을 보고 있을까?

② 해가 비추는 블라인드를 더 많이 보기 때문에 몬스테라의 시야는 눈에 띄게 더 밝다(햇빛이 블라인드를 비추고 있으니 유형 2b에 해당한다). 또한 이 각도에서는 하늘도 조금 볼 수 있으므로 하늘에서 오는 빛인 유형 3(하늘 빛)의 빛도 받는다.

5. 빛

조도계로 빛 측정하기

36쪽에 실린 '#내식물은무엇을보는가' 체크리스트를 이용하면 당신이 집에서 키우는 반려 식물들이 어느 정도의 빛을 받고 있는지 알 수 있다. 시간이 흐르면 빛의 지속시간 혹은 식물과 창문의 사이의 거리에 더 민감해질 것이다. 그러다 어느 시점에 이르면 당신의 직감이 맞는지 확인해 보기 위해 직접 빛의 세기를 측정해 보고 싶어질 테고, 풋캔들footcandle, 촛불 하나가 1피트 떨어진 곳에 있는, 1제곱피트 면적을 비추는 밝기을 측정하는 조도계가 필요할 것이다. 조도계를 사용해 보면 식물을 창에서 살짝만 멀리 옮겨도 밝기가 얼마나 급격하게 떨어지는지 알 수 있다. 과거에는 전문적인 가드너들만 조도계에 돈을 투자했다. 하지만 지금은 50달러 미만으로도 쓸 만한 조도계를 살 수 있고, 스마트폰에서 간단히 다운로드 가능한 조도계 앱도 있다. 무료부터 몇 달러짜리 유료에 이르는 스마트폰 조도계 앱은 전용 조도계만큼 정확하지는 않지만 장소마다 빛이 어떻게 달라지는지 파악하기에는 좋다. "이 식물이 잘 자라려면 정확히 375풋캔들의 빛이 필요합니다"라고 말할 사람은 없을 테지만 조도계를 켜고 거실 한쪽 끝에서 다른 쪽 끝까지 걸어가는 동안 조도가 열 배까지 떨어지는 상황을 목격하면서 많은 것을 깨닫게 된다. 이 장에서 나는 전용 조도계와 스마트폰 앱을 오가며 조도를 측정했다. 그 사진들을 수록해 둘의 효과를 비교해 보여주려고 한다.

빛을 측정하기 시작하면 식물의 기본적인 욕구를 이해하게 되고

고층 아파트의 공간. 창문이 크고 시야를 가리는 장애물이 거의 없어서 대부분의 관엽식물에게 이상적인 빛을 제공한다. 정면 유리창은 서향, 오른쪽은 북향이다. 다음 페이지에서 번호가 매겨진 사진 속의 식물들이 받고 있는 빛의 양을 측정해 보겠다.

5. 빛

식물과 더욱 긴밀히 교감하는 느낌이 들 것이다. 어두운 벽 주변의 조도를 측정했을 때 30풋캔들밖에 되지 않는다면 그곳의 식물들이 굶주리고 있음을 알 것이다. 또한 창문 근처 350풋캔들의 빛에서 행복하게 자라는 식물을 보면서 미소를 짓게 될 것이다.

이제 또 다른 체크리스트를 살펴보자. 이번에는 '#내식물은무엇을보는가'가 아니라 조도계를 사용한 체크리스트다. 조도를 측정할 때는 하루 중 가장 밝은 시간(대체로 정오 무렵)에 재고, 화창한 날과 흐린 날의 측정치를 비교해 보라. 센서를 식물의 잎 옆에 두고 가장 가까운 광원을 바라보도록 조도계를 잡는다.

50~150 풋캔들

흔히 말하는 '그늘에서도 잘 견딘다'는 표현 속 그늘이 여기에 해당한다. 그러나 실제로는 '빛이 없는' 정도에 가깝다. 당신이 키울 확률이 높은 식물 중 이렇게 적은 빛을 견딜 수 있는 식물은 산세베리아와 스킨답서스, 필로덴드론의 몇몇 종류, 금전초 정도일 것이다. 조도계로 측정했을 때 이런 수치가 나온다면 고개를 들어 주위를 살펴보라! 맑은 날 정오 무렵에도 50~150풋캔들의 빛밖에 받지 못한다면 아마 창문이 멀거나, 창문이 가까워도 빛을 막는 물체가 있을 것이다. 어느 쪽이든 하늘이 잘 보이지 않는다.

200~800 풋캔들

이 정도의 빛에서는 모든 열대 관엽식물이 만족스럽게 성장한다. 위에서 언급한 '그늘'에서 잘 자라는 식물들은 이곳에서 훨씬 더 잘 자란다. 이 범위의 조도가 나오는 곳이라면 아마 식물이 더 넓은 하늘을 볼 수 있거나 햇빛이 하얀 커튼을 통과해 들어오는 곳일 것이다. 이런 곳에서는 뿌리가 썩을 걱정 없이 물을 줄 수 있다. 400~800풋캔들에서 자라는 식물은 200~400풋캔들에서 자라는 식물보다 성장이 더 빠르고 물과 토양 양분도 더 빨리 소모한다. 하지만 조도가 높다고 해서 항상 더 좋은 것은 아니다. 식물을 비교적 낮은 조도 범위에 두면 물을 자주 줄 필요가 없으므로 관리가 쉬워진다. 성장은 좀 더디겠지만 식물 돌보기의 목표가 성장을 위한 성장이 되어서도 안 될 것이다.

800~1,000 풋캔들

얇은 커튼으로 가려진 햇빛이 내리비치는 창을 측정하면 800~1000풋캔들 이상의 조도가 나올 것이다. 밝은 간접광이라 여겨지는 범위에서는 가장 밝은 빛이다.

8,000 풋캔들 이상

직사광을 받는다는 것은 '아주' 강렬한 빛을 받는다는 뜻이다. 선인장과 다육식물만 이런 조도의 빛을 하루 종일 즐길 수 있다. 크기가 큰 열대 관엽식물이라면 몇 시간은 견딜 수 있겠지만 작은 열대 관엽식물은 얇은 커튼으로 가려주는 것을 더 좋아할 것이다.

① 아글라오네마는 대표적인 '밝은 간접광' 식물이다. 방 끄트머리에 있지만 바닥부터 천장까지 이르는 긴 창 덕분에 여전히 하늘을 잘 볼 수 있다. 이렇게 맑은 날에 측정하니 465풋캔들이 나왔다. 아글라오네마에게 적절한 빛이다.

② 철망 선반 꼭대기의 이 식물들은 508풋캔들의 빛을 받으며 행복하게 자라고 있다.

③ 맑은 날

드라세나와 염자(염좌)가 햇살을 즐기고 있다. 조도는 701풋캔들. 이 시간대에는 직사광이 들어오지 않지만 식물들은 해와 '가까운' 곳을 포함해 넓은 하늘을 보고 있다.

④ 맑은 날

북쪽 하늘이 대체로 막힘없이 보이는 이 위치의 조도는 약 600풋캔들이다.

③, ④ 흐린 날

흐린 날에는 어떨까?

흐린 봄날 오후에 찍은 ③과 ④의 사진을 보자…. 흐린 날이기 때문에 햇빛이 고루 산란되었지만, 약화되기도 했다. ③과 ④에서 맑은 날과 흐린 날의 빛의 세기를 비교해 보자. 맑은 날 ③과 ④의 조도 차이는 약 100풋캔들, 흐린 날에는 20풋캔들 차이가 난다.

적은 빛에 대한
오해

이 스킨답서스 '마블퀸'은 천창 아래에서 행복하게 살고 있다. 현재 조도는 200풋캔들이다(왼쪽 위). 식물이 보는 빛(왼쪽 아래)을 보라. 천창에서 이 정도 떨어진 거리에서 보이는 하늘(유형 3의 빛)의 크기는 다소 작다. 그래도 여전히 밝은데, 태양이 직접 내리비치지 않더라도 상당히 가까이 있기 때문이다.

태양이 직선으로 보이는 장소로 옮겨가면 조도는 9000풋캔들이 넘는다(오른쪽 위). 식물의 눈으로 보자(오른쪽 아래). 앞의 사진에서처럼 하늘의 일부(유형 3)가 보이고, 이제는 태양도 보인다(유형 1).

식물이 표정을 지을 수 있다면 누군가 "적은 빛에서도 잘 자란다"라고 말할 때마다 어처구니없다는 표정을 지을 것이다. 이렇게 말하는 것은 식물을 장식용으로만 사용하는 것을 합리화하려는 의도일 뿐이다. 나는 이러한 이유로 음지에서 지내는 식물을 보며 "50풋캔들의 빛으로 우아하게 굶주리는 중"이라고 말하곤 한다. 식물이 비교적 잘 지내는 것처럼 보이더라도 실제로는 살아남기 위해 필사적으로 애쓰고 있을 수 있다. 원예가들이 말하는 '적은 빛'이란 울창한 숲의 나뭇잎 아래를 뜻한다. 하늘이 완전히 가려진 장소를 뜻하지 않는다. 그러나 당신 방에서 창문과 멀리 떨어진 구석은 이런 장소와는 다르다. 그런 곳에 앉아 있는 식물은 동굴에 앉아 외부로 통하는 작은 입구를 쳐다보는 기분일 것이다. 내 말을 그대로 믿지는 말고 직접 빛을 측정해 보라!

자연광 vs 식물 생장등

이제 빛을 능숙하게 측정할 수 있게 되었으니, 자연광과 생장등의 밝기 차이도 정확히 평가할 수 있다. 내가 자주 받는 질문이 있다. 집에 '**해**가 충분히 들어오지 않을 때' 식물의 성장을 돕기 위해 생장등을 사야 하느냐는 질문이다. 당신이 다양한 상황에서 빛의 세기를 측정해 봤다면 어떤 생장등도 '직접' 내리쬐는 태양광의 세기를 대체할 수 없다는 것을 알 것이다. 앞의 질문을 '**빛**이 충분하지 않을 때'로 바꾸면 조도를 측정해 비교해 볼 수 있다.

12시간 간격으로 맞춰놓은 생장등①. 필로덴드론 '프린스 오브 오렌지'②가 받는 조도(564풋캔들)와 필로덴드론과 한 뼘밖에 떨어지지 않았지만 생장등에서는 조금 멀리 있는 은월Senecio haworthii ③이 받는 조도(225풋캔들)를 비교해 보라. 자연광과 비교하면 얼마나 다를까?

#내식물은무엇을보는가 vs 조도계 측정FC

일반적인 표현	#내식물은무엇을보는가 (직사광과 간접광, 지속시간)	조도계 수치 (풋캔들, 지속시간)	식물의 반응
양지	하루에 최대한 많은 시간 동안 해를 본다(유형 1).	8,000+ 하루에 가능한 한 많은 시간 동안 8000풋캔들 이상의 빛을 본다.	선인장은 잘 지낼 것이다. 열대 관엽식물은 말라버릴 것이다.
반양지	4~6 시간 해를 본다 (유형 1), 나머지 시간 동안 간접광을 본다(유형 2a, 2b, 3).	800+~8,000+ 해를 보는 시간에는 8000풋캔들 이상의 빛을, 나머지 시간에는 800풋캔들 이상의 빛을 받는다.	다육식물과 선인장은 살아남을 것이다. 몇몇 열대 관엽식물은 이 정도의 지속시간은 견뎌낼 것이다.
그늘	0~4 시간 해를 본다 (유형 1), 나머지 시간 동안 간접광을 받는다(유형 2a, 2b, 3).	800+ 하루 중 가능한 한 많은 시간 동안 800풋캔들 이상의 빛을 받는다.	관엽식물 대부분은 빠르게 성장한다. 다육식물과 선인장도 살아남을 것이다.
밝은 간접광	0~4 시간 해를 본다, 나머지 시간 동안 간접광을 받는다(유형 2a, 2b, 3).	400+~800 하루 중 가능한 한 많은 시간 동안 400~800풋캔들의 빛을 받는다.	관엽식물 대부분은 빠르게 성장한다. 다육식물과 선인장은 살아남지 모른다.
적은 빛	해가 조금도 보이지 않는다. 하루 종일 간접광을 받는다.	200+~400 하루 중 가능한 한 많은 시간 동안 200~400풋캔들의 빛을 받는다.	관엽식물 대부분은 그럭저럭 성장한다. 선인장과 다육식물에 이상적인 환경은 아니다.
빛 없음	해가 조금도 보이지 않는다. 창문에서 멀리 떨어져 있다.	하루 중 단 몇 시간 동안만 50~100풋캔들이 넘지 않는 빛을 받는다.	'적은 빛'에서도 견디는 식물은 어쩌면 살아남을 것이다. 선인장과 다육식물은 성장하지 않는다.

생장등을 사용해 보면 식물이 보는 빛의 세기가 광원과의 거리에 따라 크게 달라진다는 것을 다시금 느끼게 된다. 생장등을 켜고 전구부터 식물까지의 거리를 다양하게 조정해 보며 밝기를 측정해 보라.

전구에서 멀어질수록 빛의 세기가 얼마나 빨리 줄어드는지 보라. 측정한 조도를 기록하고 창문에서 측정한 조도와 비교해 보자. 생장등은 흐린 날조차 큰 유리창으로 들어오는 빛의 세기와 비슷해지려면 식물에 꽤 가까이 있어야 한다.

천창 밑에 놓인 스파티필룸은 현재 225풋캔들의 빛을 받고 있다. 생장등 아래 놓인 은월과 같은 세기의 빛이다.
#내식물은무엇을보는가 — 스파티필룸의 시선에서 보는 천창. 태양광이 직접 내리쬐지는 않고 하늘만 약간 보인다.

천창에 더 가까이 있는 박쥐란은 565풋캔들의 빛을 받는다(잎의 끄트머리 부분에서 측정하면 더 높게 나올 것이다). 생장등 바로 아래의 필로덴드론 '프린스 오브 오렌지'와 같은 세기의 빛이다.
#내식물은무엇을보는가 — 박쥐란은 천창에 가까이 있어 더 많은 하늘을 보기 때문에 조도가 더 높다.

5. 빛

6.

흙

반려 식물 돌보기를 거시적 관점에서 이해하기 위해 우리는 흙과 물 주기를 토양 관리의 상호 보완적인 두 측면으로 살펴볼 것이다. 며칠부터 몇 주에 이르는 짧은 기간의 토양 관리에서는 물을 주거나 토양을 통풍시켜 흙의 습도와 구조를 관리한다. 몇 달에서 몇 년에 이르는 장기간의 토양 관리에서는 분갈이나 비료 주기, 흙 보충하기로 토양 양분 고갈과 구조 악화에 대처한다. 우선, 이번 장에서는 흙(흙의 기능과 구성요소)에 대해 알아보자. 다음 장에서는 물 주기로 토양 수분을 관리하고 통풍으로 토양 구조를 관리하는 법을 다룰 것이다.

흙의 기능

뿌리와 흙이 일하는 영역인 근권rhizosphere에서는 많은 일이 일어난다. 뿌리는 땅 위로 나온 식물의 구조(줄기, 잎, 가지)의 무게를 지탱하기 위해 흙을 단단히 붙잡고 있어야 한다. 그러려면 흙이 어느 정도 단단해야 한다. 그러나 공기가 통하지 않을 정도로 단단해서는 안 된다. 뿌리도 가스교환이 필요하기 때문이다.

그리고 물론 흙은 수분을 머금고 있어야 하는데, 이 문제가 까다로울 수 있다. 식물이 사용할 수 있는 양보다 더 많은 물을 흙이 머금고 있다면, 뿌리는 썩어서 죽어갈 것이고 식물의 잎도 누렇게 변해 떨어질 수 있다. 축축하고 오래된 흙은 약해진 뿌리를 감

피트모스와 펄라이트를 혼합한 일반적인 분갈이 흙을 들여다보자.
피트모스는 보수성을 지닌 반면 펄라이트는 배수성과 통풍성이 좋다.

염시키는 곰팡이의 온상이 된다. 뿌리가 곰팡이에 감염되면 식물의 잎에는 짙은 갈색 얼룩이 생긴다. 이런 상황은 빛이 부족할 때도 '당연히' 일어난다. 하지만 식물이 적절한 빛을 받고 있다 해도, 신선하지 않은 물이 흙에 남아 있다면 이런 증상이 생길 수 있다. 반대로 모래 함량이 너무 높아 물이 빨리 빠지는 흙을 사용한다면, 식물이 시들지 않게 하기 위해 귀찮을 정도로 자주 물을 줘야 할 수도 있다.

흙은 전반적인 식물의 건강을 위해 뿌리가 양분을 구하는 곳이기도 하다. 영양소는 흙 속 수분에 용해되어 있기도 하고, 흙 입자에 들어있기도 하다. 실내의 반려 식물들은 자연에서 일어나는 영양소의 순환을 누리지 못하기 때문에 화분의 흙에서 가능한 한 모든 것을 흡수해야 한다.

보수성

vs

배수성

배합토의 목적은 흙의 두 가지 성질, 즉 보수성과 배수성을 관리하는 것이다. 보수성과 배수성은 정반대의 개념이 아니다. 다양한 흙의 구성요소들을 들여다보면 알겠지만 물을 잘 머금는 한편 물 빠짐을 개선하는 성분들도 있다. 보수성은 흙이 물을 머금고 유지하는 능력을 말한다. 물이 쏟아질 때 스펀지가 물을 흡수하는 것을 생각하면 된다. 배수성은 물이 쏟아질 때 여분의 물을 내보내는 능력이다. 화분에 쓰이는 흙은 어떤 종류든 보수성과 배수성을 어느 정도씩 갖고 있다. 다음 장에서 다루겠지만 물을 주는 방법도 물의 흡수와 배수에 영향을 미친다.

반려 식물용 흙의 성분

흔히 쓰이는 몇몇 분갈이 흙들을 보수성과 배수성의 측면에서 살펴보자. 여기 소개된 흙이 전부는 아니다. 배합토에 첨가할 수 있는 다른 흙들이 많지만 기본적으로 이들과 기능은 같다. 뿌리를 건강하게 유지하고 가능한 한 흙 관리가 편하도록 돕는 것이다. 그렇다고 당신이 직접 분갈이 흙을 배합해서 써야 한다는 말은 아니다. 다만 다양한 분갈이 흙이 어떻게 배합되는지 알아두면 도움이 된다. 사실 화원에서는 대부분의 경우 피트모스와 펄라이트를 다양한 비율로 섞은 배합토를 쓴다. 다양한 배합토를 실험해 보고 싶다면 시도해 볼 수 있는 다양한 재료들이 있지만, 그렇게까지 고심하고 싶지 않다면 시판되는 배합토로도 충분하다.

피트모스
분갈이 흙에 가장 널리 쓰이는 주재료. 말 그대로 늪지에서 부식되어 쌓인 이끼moss를 채취한 것이다. 피트모스는 스펀지처럼 물을 많이 흡수한다. 그리고 향기로운 흙냄새가 난다. 피트모스만 단독으로 분갈이 흙으로 쓰는 일은 거의 없다.

코코넛 코이어 코코피트
코코넛을 수확할 때 나오는 부산물인 코이어코코넛 열매 껍질에서 채취한 섬유는 피트모스보다 더 지속가능한 대체재다. 피트모스처럼 스펀지 같은 성질이 있고 살짝 시큼한 냄새가 난다.

퇴비
실외 가드닝에서 널리 쓰는, 유기물을 썩힌 거름. 물을 무척 잘 머금을 뿐 아니라 토양미생물을 활성화하는 이점도 있다. 그러나 이 모든 생명을 품는 대가로 뿌리파리가 꼬일 수 있다. 퇴비는 물

빠짐을 개선하는 펄라이트나 굵은 모래와 함께 쓴다.

펄라이트

거의 모든 분갈이 흙에서 보이는 희고 작은 돌 조각이 펄라이트다. 진주암을 고온에서 가열하여 팝콘처럼 뻥 튀긴 것이다. 피트 모스에 비해 입자가 크고 밀도가 낮기 때문에 푹신하고 바람이 잘 통하는 흙을 만들어준다(뿌리는 물만큼이나 호흡도 필요로 한다는 것을 잊지 마라). 입자의 거친 표면은 얇은 막을 만들어 물을 조금 머금기도 하지만, 입자 자체에 흡수될 만큼 많이 품지는 못한다.

질석 버미큘라이트

금빛이 살짝 도는 포말 같은 형태를 지닌 질석은 규산염을 가열해 아코디언 같은 모양의 입자가 되도록 팽창시켜 만든다. 펄라이트와 비슷하지만 수분을 더 많이 함유한다.

굵은 모래

굵은 모래는 흡수성이 없으므로 주로 흙의 무게는 그대로 유지하면서 배수성을 늘리는 용도로 분갈이 흙에 추가한다.

바크칩

입자가 크기 때문에 그 사이로 물이 쉽게 빠진다. 하지만 한동안(30분 정도) 물에 젖은 상태로 놔두면 수분을 머금었다가 천천히 내보낸다. 바크칩은 특히 큰 화분(지름 12인치 이상)의 토양 구조에 유용하다. 같은 분량을 피트모스와 펄라이트로 채우면 밀도가 너무 높기 때문이다. 바크칩은 나중에 분해된다.

수태물이끼

스펀지와 비슷한 특성을 지닌 수태는 물을 많이 머금을 수 있지만 너무 건조하면 딱딱해지면서 갈라진다. 물을 충분히 주면 다시 원래 상태로 되돌릴 수 있다.

① 피트모스 ② 코코넛 코이어
③ 펄라이트 ④ 질석
⑤ 굵은 모래 ⑥ 바크칩
⑦ 수태

토양 흡수력
무게와 부피

피트모스와 펄라이트로 구성된 일반적인 배합토는 토양 부피의 1/3 정도의 물을 흡수할 수 있다. 굵은 모래가 더 높은 비율로 섞인 **배합토**(다육식물이나 선인장을 키울 때처럼)는 토양 부피의 1/4이나 1/5 정도의 물만 흡수한다. 반면 수태처럼 보수력이 높은 재료는 총부피의 절반 정도의 물을 흡수할 수 있다. 앞부분에서 묘사한 토양 성분을 보수성에 따라 등급으로 나누면 다음과 같다.

- 보수력 높음: 수태, 피트모스, 코코넛 코이어, 퇴비
- 보수력 중간: 질석, 바크칩
- 보수력 낮음: 펄라이트, 굵은 모래

분갈이 흙은 이런 성분들이 둘이나 셋 정도 혼합된 흙이다. 펄라이트나 굵은 모래를 구비해 두면 어떤 배합토든 토양의 배수성을 증가시켜 물을 덜 머금게 만들 수 있다. 화분의 흙이 말랐는지 판단하기 위해 그냥 화분을 들어볼 수도 있다. 화분의 무게로 흙의 수분 함량을 짐작할 수 있기 때문이다. 아주 가볍다면 완전히 마른 것이고, 무겁다면 물에 흠뻑 젖은 상태다.

내 금전초는 피트모스와 펄라이트를 2:1 비율로 배합한 흙에서 잘 자란다.

자세히 보면 바크칩과 피트모스의 배합토에 모래 알갱이가 섞여 있는 걸 볼 수 있다.

굵은 삼베로 감싼 수태 위에 박쥐란을 올렸다. 걸이 식물은 공기에 노출되는 면적이 넓어서 물이 빨리 증발되므로 보수력이 높아야 한다.

산세베리아는 피트모스와 코코넛 코이어, 바크칩이 섞인 배합토에 심었다.
초록 구슬은 천천히 녹는 비료 알갱이다.

다른 조건이 동일하다면 빛을 많이 받는 식물은 어두운 곳에 있는 식물(여전히 화분이 무겁다)보다 흙의 수분을 더 빨리 소모한다(그래서 가벼워진다). 화분을 들어 올리기가 불편하다면 다음 장에서 설명하는 것처럼 젓가락으로 흙을 부드럽게 찔러 검사해 볼 수 있다.

비료   식물 비료는 다음의 세 성분을 제공하는 영양보조제다.

○ 질소N: 잎의 성장을 돕는다.
○ 인P: 뿌리의 성장과 개화를 돕는다.
○ 포타슘(칼륨)K: 전반적인 세포 기능을 돕는다.

비료의 성분을 설명할 때 성장을 '유발한다'라거나 '더 잘 자라게 한다'가 아니라 '돕는다'는 표현을 쓴 점에 유의하라. 앞에서도 언급했듯 식물은 이산화탄소와 물을 산소와 탄수화물로 바꾼다. 이는 매우 복잡한 시스템을 아주 단순하게 설명한 것이다. 이 외에도 식물의 성장을 돕는 미량원소가 필요한데, 비료는 그런 원소들을 제공한다.

식물의 토양 속 유기물질은 이미 이런 영양소를 더러 제공한다. 또한 이 마법의 삼총사는 시판되는 화분용 배합토에도 이미 첨가되어 있다. 그러나 물을 줄 때마다 수용성 영양소는 쓸려나간다. 식물에게 순조로운 성장을 위한 빛과 물이 적절히 공급된다면 이런 미량원소가 소비될 테고, 이것들은 당신이 물을 줄 때마다 쓸려나가므로 다시 보충해 주면 좋다. 그러나 당신의 식물이 일상적으로 50풋캔들의 빛을 받는 곳에 있어 거의 성장하지 않는다면, 굳이 비료를 줄 필요는 없다. 1년 뒤에 분갈이를 하는 것만으로도 충분히 영양소를 다시 보충할 수 있다.

비료는 언제 줘야 할까?

식물이 잘 자라고 있다면 비료 제조사가 제시한 사용법에 적힌 농도와 빈도대로, 또는 그보다 적게 주는 편이 좋다. 더 많이 주는 것은 금물이다. 비료는 덜 주는 쪽이 언제나 안전하다. 어느 한 해에 나는 시험 삼아 비료를 아예 주지 않은 적도 있다. 잘 적응한 식물들은 모두 살아남았고 새로운 잎도 몇 장 자라긴 했지만 비료를 줬다면 아마 더 많이 자랐을 것이다. 파키라만 마그네슘이 부족할 때 일어나는 황변이 잎에 생겼다. 오래된 잎들은 잎맥만 초록색으로 남고 노랗게 변했다. 식물의 성장을 신중하게 살펴야 한다는 것을 기억하라. 최소한의 빛으로 근근이 살아가는 식물은 환경에 적응하기 위해 오래된 잎들을 떨어뜨리기도 한다. 그건 비료를 달라는 신호가 아니다!

비료 포장지에 순서대로 표시된 세 개의 숫자를 본 적이 있을 것이다. 이는 비료에 포함된 질소와 인, 포타슘의 비율을 백분율로 표시한 것이다. 구체적인 비율은 비료의 브랜드마다 다를 것이다. 그저 당신의 즐거움을 위해 반려 식물을 키운다면 균형 성장 비료balanced fertilizer(비료의 주요 성분 세 가지가 거의 비슷한 비율로 포함된 비료)로도 충분하다. 나는 항상 10:15:10 비율의 다용도 액체 비료를 쓴다.

7.

물

일상적으로 반려 식물을 돌보는 일은 물 주기를 중심으로 돌아간다. 초보 식물집사들은 "일주일에 한 번 흙에 물을 조금 부어 주라" 혹은 "물을 너무 많이 주지 마라"와 같은 단순한 지시사항들 앞에서 고심하며 자신이 제대로 하고 있는 건지 혼란스러워한다. 이들은 식물이 새로운 집에 적응하느라 오래된 잎을 떨어뜨리는 것을 보고는 물을 너무 많이, 또는 너무 적게 줘서 식물을 더 힘들게 할지도 모른다.

이 장에서 우리는 물 주기를 귀찮은 일이 아니라 성장하는 식물과 교감하는 긍정적 경험으로 여기도록 노력할 것이다. 당신은 식물의 습성과 식물이 받는 빛의 양을 토대로 식물에게 어느 정도의 물이 필요한지 차츰 알게 될 것이다. 하지만 먼저 당신이 주는 물이 식물의 뿌리까지 닿고 있는지 확인하는 것이 좋다. 물을 얼마나 자주, 많이 주느냐는 식물 돌보기의 핵심이지만 뿌리를 행복하게 하기 위해서는 기본적인 물 주기와 토양 관리를 포함해 더 큰 그림을 봐야 한다.

고르게 물 주기

물 주기의 목표는 흙을 알맞게 적시는 것이다. 수분이 최대한 고르게 흙 구석구석에 닿아야 한다. 그래서 토양 구조가 중요하다. 당신이 뿌리가 지내는 환경과 뿌리를 에워싼 토양의 밀도와 통풍, 변화하는 습도와 건조도를 이해하기 시작한다면, 뿌리는 무척 행복해할 것이다.

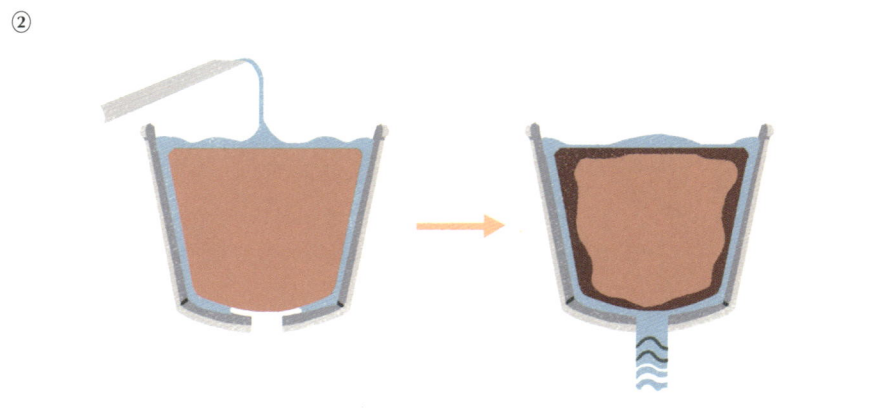
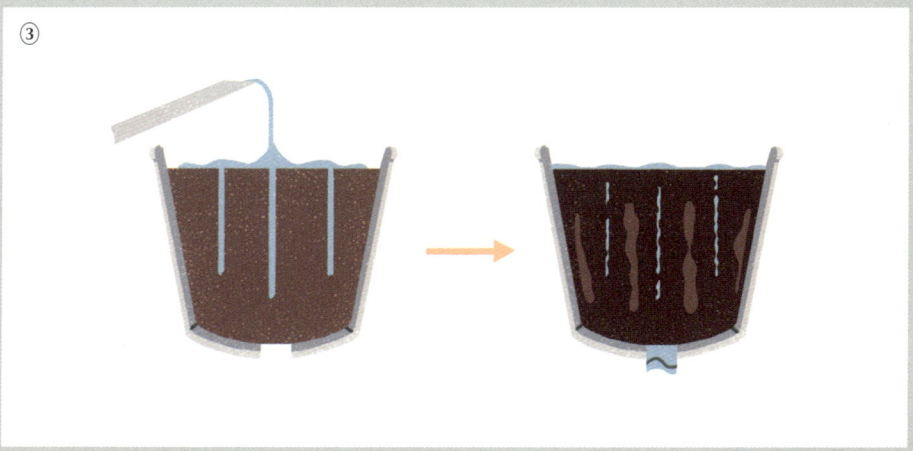

① 적은 양의 물을 토양 표면의 한 지점에 붓는다. 물은 흙의 밀도가 가장 낮은 곳으로 최대한 침투한다. 배수공으로 흘러 나갈 만큼 충분한 물이지만 화분 토양에는 여전히 몇몇 마른 부분들이 있다. 수분이 고르게 침투하지 않기 때문이다.

② 화분이 무척 건조할 때는 흙이 단단하게 뭉치면서 화분 가장자리에 틈새가 벌어진다. 이런 화분에는 물을 아무리 많이 부어도 단단한 흙 표현을 따라 흐르다가 배수공으로 빠져나가므로 뿌리가 있는 부분은 마른 상태로 남아 있기 쉽다. 화분 전체를 물통에 담가 뿌리를 적실 수도 있지만 현실적인 물 주기 방식은 아니다. 더 효과적이고 효율적인 방법이 있다. 바로 토양 통풍이다!

③ 흙에 공기를 통하게 하라. 물을 주기 전에 젓가락으로 흙 표면을 부드럽게 찌르며 공기가 통할 구멍 몇 개를 내라. 이제 물을 표면에 부으면, 토양 속으로 물이 더 고르게 스며들어 흙을 골고루 적실 수 있다. 물이 최대한 고르게 침투하도록 하는 것이 중요하다. 당신이 식물에게 '물을 줬다'고 생각할 때 건조한 부분이 여전히 남아 있으면, 그 부분의 뿌리가 죽을 수 있기 때문이다.

실용적인 물 주기 방법 세 가지

① 짧게 붓기

물이 흙 표면을 적시고 안으로 스며들면서도 화분 밑 배수공으로 흘러나오지는 않을 정도로 물을 붓는다. 나는 목마른 식물(그중 골고루 촉촉한 흙을 좋아하는 식물)의 흙을 다음번에 물을 흠뻑 주기 전까지 촉촉하게 유지하기 위해서 이 방법을 쓴다. 흙이 무척

마른 상태라면 수분이 더 골고루 침투할 수 있도록 잠시 시간을 들여 흙을 통풍시킨다.

② 배수공으로 물이 나올 때까지 계속 붓기

이 방법은 대개 개수대 위에서 이루어진다. 물이 배수공으로 흘러 나올 때까지 흙 위로 계속 붓는 방법이다. 식물에 해로울 수 있는 염분을 흙에서 씻어내는 데 유용한 방법이지만 수용성 영양소를 흘려보내기도 한다. 식물은 때때로 물을 흠뻑 주는 걸 좋아하고, 식물집사 역시도 그 과정을 즐길 수 있다.

③ 배수공으로 물이 나올 때까지 붓고 물에 한동안 담가두기

식물이 배수공이 있는 화원용 플라스틱 화분에 심어진 다음 방수 용기나 장식 화분 안에 놓여 있을 때 쉽게 쓸 수 있는 방법이다. 작은 식물 몇 개를 낮은 플라스틱 통으로 옮겨 물을 줄 수도 있다. 몇 시간 뒤 흙이 최대한 많은 물을 빨아올렸을 때 남은 물을 버린다. 흙을 흠뻑 적시기에 좋은 방법이다.

어떤 방법이 좋을까?

모두 좋다! 나는 이 세 방법을 되는대로 돌아가며 사용하고 혹시라도 어느 한 방식으로 인한 불균형한 수분 공급을 막기 위해 주기적으로 흙을 통풍시킨다. '짧게 붓기'로는 건조한 부분까지 충분히 적시지 못할 수도 있지만 시간을 가장 절약할 수 있는 방법이다. 다른 두 방식은 시간과 공간을 더 많이 필요로 하고, 당신은 제대로 물을 주기 위해 식물을 이리저리 옮기는 일에 익숙해져야 한다. 또한 서로 다른 식물들의 다양한 욕구에도 익숙해져

야 할 것이다. 물을 좋아하는 아디안툼은 한결같이 촉촉한 토양에서만 행복할 테니 매번 흙을 흠뻑 적셔주어야 한다. 창문에서 멀리 떨어진 산세베리아는 대체로 흙이 단단히 뭉쳐 있을 테니 물을 줄 때마다 흙을 살살 풀어주면 좋다.

샤워실에서 '배수공으로 물이 나올 때까지 계속 붓기'를 하면 여분의 물이 빠져나갈 것이다.

적절한 빛을 받으며 잘 자라고 있는 식물은 흠뻑 적셔주는 것이 좋다.
배수공이 있는 화분은 흙을 골고루 적시고 남은 물을 자연스레 흘려보낸다.

작은 식물들은 플라스틱 통에 담아 함께 물을 줄 수 있다. 흙이 흠뻑 젖을 때까지 물에 담가둔 다음 화분 받침 위에 다시 올려놓는다.

물을 최대한 골고루 침투시키는 것이 중요하다. 당신이 '물을 줬다'고 생각할 때, 여전히 말라 있는 흙이 있다면 그 부분의 뿌리는 죽을 수 있다.

토양 통풍

가장 덜 알려졌지만 가장 유용한 기술

내가 토양 통풍의 방법을 처음 공유하기 시작했을 때 누군가 이런 댓글을 달았다. "나는 여러 해 동안 반려 식물을 키웠지만 이렇게 흙을 통풍시킨 적은 없어요!" 사실, 매번 당신이 물을 줄 때마다 공기도 뿌리로 흘러간다. 물을 줄 때 뽀드득대는 소리가 나는지 귀 기울여 보라. 그러나 식물이 자라다 보면 뿌리가 반복적으로 주변 흙으로부터 수분을 흡수하게 되고, 이 과정에서 토양 입자들이 마른 덩어리로 뭉치게 된다. 만약 당신이 물을 좋아하는 식물들에게 적절히 물을 주었다면 토양 구조가 마르지 않은 상태로 유지될 것이고, 잠시 뭉쳤던 흙도 물을 줄 때마다 어느 정도 풀릴 것이다. 그리고 분갈이를 하고 나면 흙의 상태가 다시 좋아지고 통풍도 잘 될 것이다. 반면 건조한 흙을 잘 견디는 식물일수록 흙이 단단히 뭉치는 문제가 많이 발생한다. 이때는 물을 흠뻑 주더라도 마른 흙덩이들을 적시지 못할 테고 식물은 공기 부족으로 질식할 위험이 있다. 토양을 통풍시키는 습관을 들이면 식물의 토양을 더 잘 이해할 수 있게 된다. 토양의 밀도를 느낌으로 알 수 있고 얼마나 단단히 뭉쳤는지도 판단할 수 있다.

화원과 자연, 실내 환경에 대한 그림을 기억하는가?(3장) 화원과 자연에는 토양을 통풍시키는 담당자들이 있다. 화원에는 철망 선반이 있고 자연에는 곤충들이 있다. 실내의 반려 식물들을 위한 토양 통풍 담당자는 물론 당신이다. 자연에 사는 식물의 뿌리는 역동적인 환경에 익숙하다. 이에 비하면 화분 속 삶은 뿌리에게 말 그대로 죽을 만큼 지겨울 것이다.

젓가락이나 뭉툭한 막대 같은 것을 사용해 줄기에서 조금 떨어진 (1.5센티미터 이상) 흙의 표면을 부드럽게 찌른다. 이렇게 찌르면서 흙이 딱딱한지 느껴보라. 이런 경험을 반복하다 보면 흙이 촉촉한지, 건조한지도 쉽게 알 수 있게 된다. 젖은 흙은 막대에 달라

젓가락은 좋은 통풍 도구다.

붙는다. 습기가 살짝 있는 흙은 부드럽다. 마른 흙은 아마 단단히 뭉쳐 있을 테고 찌르면 부서질 것이다. 흙이 얼마나 뭉쳤는지 가늠해 보면서 흙을 얼마나 풀어주어야 할지도 결정할 수 있다. 화분의 흙을 원통형 덩어리로 생각한다면 통풍의 목적은 물과 공기가 더 쉽게 통과하도록 덩어리를 더 작은 조각들로 쪼개는 것이다. 펄라이트와 질석, 굵은 모래가 섞인 흙은 기본적으로 통풍에 도움이 되지만 젓가락을 사용하면 토양 구조를 더 적극적으로 관리할 수 있다. 자연에서 곤충과 벌레들이 하는 일을 당신이 한다고 생각하면 된다.

내가 토양을 통풍시키면서 배운 바에 따르면 늘 고루 촉촉한 상태의 흙이 유지되는 것을 좋아하는 식물들은 통풍이 잘 되는 흙도 좋아한다. 다음 물을 주는 시점까지 흙이 마른 상태로 유지되는 것을 좋아하는 식물들은 단단하게 뭉친 흙에서도 잘 견디지만 물을 자주 주지 않기 때문에 흙이 지나치게 단단해질 위험이 있다. 그러므로 물을 주기 직전에 토양을 통풍시키는 것이 이상적이다. 그러면 물이 흘러 들어가면서 공기에 노출된 뿌리 주변의 흙을 다시 안정시킬 것이다. 다만, 굵은 덩이뿌리나 알뿌리를 만드는 식물들은 젓가락으로 찌를 때 조심해야 한다. 이들의 뿌리는 빨리 재생되긴 하지만 그래도 통풍 과정에서 찌르지 않는 것이 좋다. 이런 식물로는 금전초와 옥살리스, 무늬접란, 아스파라거스고사리, 구근 베고니아(당연히!)가 있다.

까다로운
물 주기

화분에 배수공이 없을 때

배수공이 없는 화분에 식물을 심었다면 물 주기 방식도 달라져야 한다. 우선, 화분 토양 구조에 자갈층을 만들지 말아야 한다. 물이 이 자갈층에 걸려 멈추면 더 이상 갈 곳이 없기 때문이다. 신선한 공기가 통하지 않는 공간에 정체된 물은 박테리아의 온상이 되어 뿌리를 썩게 한다. 그러므로 배수층은 생략하고 식물이 왕성하게 자라면서 토양의 수분을 다 소모하도록 하라. 물을 줄 때는 물의 양이 흙 부피의 1/3을 넘지 않게 주의하라. 화분의 흙을 부피의 1/3만큼만 물을 머금을 수 있는 스펀지라고 생각하라. 그 이상으로 물을 주면 식물이 진흙탕에서 수영할 것이다. 다육식물이나 선인장이라면 흙 부피의 1/4이나 1/5로 물의 양을 줄여도 된다. 흙이 모든 물을 흡수하고 뿌리가 썩을 새 없이 물을 다 쓰게 하라.

식물이 크고 무거울 때

식물의 몸집이 커서 개수대로 옮기기 힘들고, 바닥에 물이 흘러넘치기도 바라지 않는다면 어떻게 물을 주는 게 좋을까? 물을 주다가 물이 화분 받침대로 흘러나오는 순간 멈춰라. 놀랄 만큼 빠른 속도로 받침대에서 흘러넘칠 수 있으니 배수공에서 나오는 물을 빨아들일 대형 스포이트를 구비해 두면 좋다. 배수공이 없는 화분이라면 흙의 부피에 따라 물의 양을 계산해야 할 것이다. 어느 쪽이든 흙이 최대한 물을 많이 흡수하도록 천천히 주는 것이 좋다. 빨리 쏟아부으면 물이

토양 입자를 충분히 적시지 못하고 그냥 빠져나가 버린다.

물 주기 알고리즘

언제 물을 줘야 할까

물 주기 적절한 타이밍을 알기 위해서는 내 반려 식물이 좋아하는 물의 양을 알아야 한다.

고루 촉촉한 흙을 좋아하는 식물	흙이 늘 고르게 촉촉해야 한다. 겉흙이 말랐다면 물을 줘야 할 시간이다. 아디안툼과 신경식물 nerve plant, 잎의 패턴이 신경과 비슷하게 생겨 붙은 이름이라고도 불리는 피토니아, 스파티필룸은 고루 촉촉한 흙을 좋아한다. 대체로 잎이 얇은 식물이다.
부분적으로 마른 흙을 좋아하는 식물	표면에서 3~6센티미터까지는 흙이 마르게 놔두라. 집에서 키우는 관엽식물 대부분이 여기에 해당한다.
완전히 마른 흙을 좋아하는 식물	다음 물을 주는 시점까지 흙이 완전히 마르게 놔두라. 모든 선인장과 다육식물, 잎이 두꺼운 반려 식물들은 완전히 마른 흙을 좋아한다. 광합성에 필요한 물을 몸에 저장하기 때문이다.

기억할 것

어떤 물 주기 방식이든 활발히 성장하는 식물을 기준으로 한다. 일상적인 빛의 강도가 100풋캔들 이하인 곳에서는 가장 회복력 좋은 '음지' 식물이라도 뿌리썩음병에 굴복하기 쉽다.

스킨답서스 테스트

'식물이 목말라 할 때마다' 물을 주고 싶다면 이런 질문이 따라올 것이다. 식물이 물을 필요로 하는 순간을 어떻게 알까? 건강한 스킨답서스(다음 페이지를 보라)로 다음과 같이 시험해 보라. 스킨답서스를 밝은 간접광이 드는 곳에 둔다. 말하자면 낮 최고 조도가 200풋캔들이 넘는 곳이다. 잎이 얼마나 탱탱한지 잘 보라(적절하게 수분을 머금은 스킨답서스라는 뜻이다). 젓가락을 사용해 흙을 부드럽게 찔러보며 고루 촉촉한 토양이 어떤 느낌인지 익히라. 식물이 그곳에서 며칠 동안 자라게 놔둔 뒤 잎의 탄력이 얼마나 감소했는지를 보라. 젓가락을 사용해 흙의 수분을 다시 느껴보라. 아마 몇 군데는 말라 있을 것이다. 이때가 물을 주기에 좋은 때이지만 실험을 위해 잠시 미뤄두자. 하루나 이틀이 더 지나면 잎이 시들해지는 신호가 나타날 것이다. 스킨답서스의 잎이 축 늘어진다. 이제 다시 젓가락으로 흙을 찔러보자. 아마 돌처럼 단단하게 뭉쳐 있을 것이다. 며칠 동안 무슨 일이 일어난 걸까?

흙의 수분은 뿌리로 흡수되어 잎으로 이동하고, 잎에서 이산화탄소와 결합해 당을 생산한다. 이 과정에서 뿌리는 흙의 입자들을 끌어당긴다. 흙 입자들의 수분을 말 그대로 빨아들이기 때문에 흙이 돌 같은 덩어리로 뭉치게 된다. 이 시점이 되면 물을 흙에 조금씩 붓는 것만으로는 이미 말라버린 부분을 모두 적실 수 없다. 앞으로 이 스킨답서스에게 언제 물을 줘야 할지 알고 싶으면 잎이 언제 처음 늘어지는지를 주의해서 보면 된다.

스킨답서스는 튼튼하기 때문에 좋은 실험 대상이지만, 민감한 식물들은 하루만 흙이 말라도 잎에 영구적인 손상을 입기도 한다. 아디안툼 같은 식물이 그렇다. 이런 식물들을 키운다면 흙이 말랐는지 알기 위해 식물을 관찰하기보다는 바로 흙을 확인하는 편이 낫다. 반대로 산세베리아나 금전초처럼 실내에서 많이 키우는 반려 식물 중 흙이 완전히 말라도 잎이 처지지 않는 식물들이 있다. 이런 식물들은 시들 때까지 기다리다가는 반쯤 죽어버릴 것이다! 이들을 키울 때는 흙의 수분을 고루 유지하는 걸 목표로 삼지 말라. 흙이 완전히 말랐을 때 물을 흠뻑 주고 통풍을 시켜라.

스킨답서스 '마블퀸'의 탱탱한 잎이 늘어지는 과정.
이렇게 변하는 데까지 걸리는 시간은 빛과 온도, 습도 같은 여러 요인에 따라 다양하다.
그러므로 가장 믿을 만한 방법은 흙과 잎을 관찰하는 것이다.

7. 물

식물의 적응   이제 빛과 물이 식물의 성장에 어떻게 영향을 미치는지 이해하기 시작했을 것이다. 빛과 물, 그리고 무엇보다 중요한 식물의 적응을 아래 그림을 통해 살펴보자.

상황

당신은 화원에서 똑같은 식물 둘을 사서 집에 들고 왔다. 식물 A를 식물 B보다 창문에 더 가까이 두었지만, 당신은 이 식물들에게 일주일에 한 번씩 물을 주면 된다는 안내를 받았다. 다행히 식물 A는 일주일 뒤 물을 줄 때까지 흙이 충분히 말랐다. 흙이 젖었다가 마르는 주기가 대략 일주일이기 때문에 식물 A는 행복하다. 마지막 단계에서 가장 오래된 잎이 노랗게 변한 것을 보라. 아마 화원에 비해 빛이 적은 실내 환경에 적응한 결과일 것이다.

식물 B의 삶은 다르다. 창문에서 살짝 더 먼 곳에 있기 때문에 빛을 훨씬 덜 받는다. 그러나 당신은 일요일을 물 주는 날로 정했기 때문에 식물 A와 똑같이 B에게도 일요일마다 물을 주었다. 하지만 일주일 동안 식물 B의 흙은 A의 흙만큼 마르지 않는다. 당신이 물을 줄 때 흙의 수분 함량이 올라가더라도 그 수분이 탄수화물 생산에 쓰이지 않기 때문이다. 수분을 소모하려면 빛이 더 많이 필요하다. 광합성이 '어느 정도' 이루어지고는 있지만 활발하다고 말할 수는 없다. 뿌리에서 올라온 물은 광합성에 쓰이는 대신 잎에 저장됐다가 결국 몇몇 세포를 파열시키고 잎끝을 진갈색으로 변하게 한다. 이런 상황이 계속되면 뿌리가 썩기 쉽고 결국 식물이 죽게 된다. 이것이 바로 과습이다. '빛이 적은 환경에서' 오랫동안 습한 토양을 유지하는 것이다.

교훈

물 주기 스케줄을 맹목적으로 따라 물을 주지 않도록 하라. 물을 언제 주느냐는 토양을 관찰하고, 지금 키우고 있는 식물이 어느 정도로 촉촉한 흙을 선호하는지를 살펴 결정해야 한다.

식물 A　　　　식물 B

상황

흙을 관찰해 물 주는 시점을 결정하는 방법을 알았으니 이제 당신은 물 주기 횟수를 적절하게 조정한다. 이를테면 식물 A는 일주일 만에 물을 주기 적당한 상태로 흙이 마르지만, 식물 B는 창가에서 조금 더 멀리 떨어져 있기 때문에 A와 같은 상태가 되는 데까지 2주가 걸린다고 가정해 보자. 이제 당신은 흙이 촉촉해졌다가 마르는 주기에 따라 물을 주며, 이렇게 주기가 달라지는 이유가 식물이 받는 빛의 양의 차이에 있음을 안다.

시간이 흐르면서 당신은 왜 식물 B의 잎이 A의 잎보다 더 많이 떨어지는지 궁금해진다. 이는 적응기 때문이다. 화원에서 막 집으로 데려온 식물의 잎이 싱싱한 이유는 여러 달(이나 여러 해) 동안 빠른 성장에 맞춰진 조건에서 자랐기 때문이다. 식물은 이제 더 낮은 조도에 적응하기 위해 새잎을 틔울 때 오래된 잎을 떨어뜨려야 한다. 당신도 햇빛이 잘 들지 않는 장소에 태양 전지판을 많이 달며 힘을 빼지는 않을 것이다. 식물 B가 불행하다고 여길 사람도 많겠지만 나는 이 식물이 주어진 환경에서 버티기 위해 적응하고 있을 뿐이라고 생각한다. 식물 B는 잎 두세 장을 꼭대기에 단 채 여러 해를 살아갈지도 모른다. 주어진 환경에 그렇게 적응한 것이다. 화원에서 금방 들고 온 식물을 창 없는 구석에 놓으면 묘하게 어울리지 않게 보이는 것도 이런 이유 때문이다. 이 식물은 다운사이징이 필요하다!

교훈

식물은 늘 주어진 환경에 적응하려 애쓰지만 항상 보기 좋은 모습으로 변하지는 않을 것이다. 식물 A와 B 모두 자신이 얻을 수 있는 빛으로 최선을 다하고 있을 뿐이다.

식물 A　　　　　식물 B

상황

이번에는 당신이 게을러져서 식물 B에게 적절한 빈도로 식물 A에게도 물을 주기로 했다고 가정해 보자. 식물 A는 광합성 속도가 더 빠르기 때문에 흙도 더 빨리 마를 것이다. 화분의 흙은 지나치게 건조해지면 뭉치고 단단해진다. 이 마른 부분들 중 몇몇은 다음에 물을 줄 때 다시 촉촉해지지 않을 수 있다. 그러면 물을 주더라도 식물은 시든다. 이런 식의 물 주기가 지속되면 단단하게 뭉친 흙이 회복될 때까지는 수분 공급이 제대로 되지 않을 것이다. 수분이 잘 공급되지 않아 오랫동안 토양이 건조한 상태로 유지된다면 식물은 잘 성장하지 못한다.

교훈

토양을 관리한다는 것은 물을 줄 때 물이 어떻게 흙 속으로 흘러 들어 가는지 이해한다는 뜻이다. 빛을 많이 받는 식물일수록 토양 수분을 더 자주 보충해 줘야 한다는 점을 기억하라. 골고루 수분이 공급될 수 있도록 물을 주기 전에 단단하게 뭉친 흙을 통풍시켜주면 좋다.

많은 초보 식물집사들이 새로운 환경에 적응하는 식물에게 생기는 증상을 보고 이들이 죽어가고 있다고 오해한다. 식물은 단지 새로운 잎을 위해 더 오래된 잎을 놓아주고 있을 뿐이다. 충분한 시간이 흐르면 잎이 떨어지는 만큼 새로 돋으며 균형을 이루는 지점에 도달한다. 식물이 잘 적응했다는 뜻이다. 특히 진정한 휴면기(다음 계절에 덩이줄기나 알뿌리에서 새잎이 자랄 수 있도록 모든 잎이 지는 시기)가 없는 대부분의 열대 관엽식물의 경우는 이런 적응과 균형의 기간을 거친다. 하지만 균형을 이룬다고 해서 식물이 같은 모습을 영원히 유지한다는 뜻은 아니다.

지금쯤 '과습은 절대 안 된다'라는 말이 왜 유익한 조언이 아닌지 당신이 이해했기를 바란다. 이런 조언은 물 주기에 대한 공포를 부추기고 자연스러운 생명의 순환 과정에 과민하게 반응하도록 한다. 당신이 식물에게 적절한 빛을 제공하고 있다면 식물이 촉촉한 환경을 얼마나 좋아하는지에 따라 물을 주고 토양이 굳는 것을 막기 위해 가끔씩 통풍을 시키며 토양 구조를 관리해 주면 된다.

자연에서 중요한 것은 생존이지 당신의 미적 기준이 아니라는 사실을 건강하게 받아들일 필요가 있다. 그러면 당신은 즐거운 식물집사의 여정에 들어서게 될 것이다.

8.

**가지치기,
번식,
분갈이**

'돌봄'이라는 넓은 의미에서 당신이 식물을 위해 할 수 있는 일들은 많다. 이 장에서는 식물집사라면 알고 있어야 할 몇 가지 유용한 과정들을 설명할 것이다. 우선, 내가 만든 식물 돌봄에 대한 경구들을 소개하겠다.

당신의 식물을 행복하게 하려면

- 1주 사이에 할 일: 매일 빛과 어둠을 주라
- 1달 사이에 할 일: 토양 수분을 적절히 유지하고 토양을 통풍시켜라
- 몇 달 사이에 할 일: 죽은 물질을 제거하라
- 1년 사이에 할 일: 비료를 주고 가지치기를 하라(가지치기가 필요한 식물이라면)
- 몇 년 사이에 할 일: 분갈이를 하라

빛 측정하기와 물 주기, 흙 통풍하기, 비료 주기는 앞에서 이미 다루었다. 이 장에서 우리는 목록의 아래 단계에 속하는 가지치기와 번식, 분갈이하는 법을 살펴볼 것이다.

가지치기

가지치기란 대체로 식물을 원하는 형태로 유지하고(유지하거나) 가지가 풍성해지도록 가지들을 잘라내는 것이다. 모든 반려 식물이 가지치기를 필요로 하지는 않지만 염자 같은 몇몇 식물들은 가지치기를 하지 않고 계속 잎이 돋게 놔두면 줄기가 구부러지거나 부러진다. 가지치기는 식물의 아름다운 형태를 위한 것이다. 식물이

어떤 외관을 갖게 할 것인지 당신이 결정할 수 있는 기회이기도 하다.

실내에서 키우는 식물들은 야생에서 자라는 같은 품종들에 비하면 비교적 작게 성장한다. 그러므로 실내 식물을 가지치기하면 나무 한 그루를 가지치기했을 때보다 그 변화가 더 강렬하게 느껴진다. 그러나 적절한 환경에서 시간이 흐르면 옆 페이지의 사진 속 드라세나처럼 가지치기를 한 지점으로부터 식물은 다시 성장할 것이다. 식물집사들은 가지치기를 이용해 우리가 흔히 알고 사랑하는 반려 식물들을 번식시키기도 한다.

뿌리 나누기와 자구 분리

뿌리 나누기(포기 나누기)는 기본적으로 식물을 뿌리에서 나눠 두 개의 더 작은 식물로 만드는 것이다. 고사리류와 스파티필룸, 무늬접란, 산세베리아 등 수풀처럼 촘촘한 형태로 자라는 식물들에게 적절하다. 깨끗하고 날카로운 칼로 뿌리를 반으로 자른 후 나눠진 식물들을 적절한 크기의 화분으로 옮겨 심으면 된다. 이렇게 나누어 심은 식물들은 새로 분갈이한 식물을 다루듯 보살펴야 한다. 직사광이 아닌 밝은 간접광을 주고 흙을 골고루 촉촉한 상태로 유지한다. 처음에는 두 식물이 반쪽처럼 보이겠지만 뿌리가 자리를 잡으면서 잎이 멋있게 들어찰 것이다.

가끔 식물은 몸통 가까운 곳에 자신과 닮은 작은 식물들을 밀어 올리기도 한다. 산세베리아와 필레아 페페가 그렇다. 이 아기 식물이 대략 엄마의 1/3 크기만큼 자랐을 때 화분에서 식물을 꺼내 날카로운 칼로 분리하라. 그 다음 엄마와 아기를 별개의 화분으로 분갈이하면 된다.

번식

번식은 식물이 어떻게 생장하는지 실험하고 배우기에 좋은 방법이다. 하지만 당신이 번식시키는 모든 식물이 화원에서 판매하는 식물과 같은 모양으로 자라리라 기대하지 않는 게 좋다. 당신이 온실에서 살지 않는다면 말이다! 이번에는 줄기꽂이와 잎꽂이로 번식하는 법을 다루겠다.

번식은 식물집사에게 워낙 큰 즐거움이다 보니 우아한 디자인의 번식용 용기도 있다.

줄기꽂이

줄기꽂이와 잎꽂이 중에선 아마 줄기꽂이가 더 쉬울 것이다. 줄기꽂이는 기본적으로 식물의 줄기 한 부분을 잘라내 뿌리가 나오게 한 다음, 새로 자란 뿌리를 흙에 옮겨 심는 방법이다. 스킨답서스와 필로덴드론 같은 덩굴 식물에 무척 효과가 좋다. 뿌리가 나오는 동안 줄기를 물에 담가두면, 새 뿌리를 내려고 애쓰는 동안 식물이 계속 살아 있을 수 있다.

① 꺾꽂이를 위해 준비된 스킨답서스 '골든'과 스킨답서스 '엔조이'

② 긴 줄기를 기근(공기뿌리)과 줄기, 잎이 포함된 여러 부분으로 나눈다

③ 잘라내고 남은 부분과 상한 잎들은 버려도 좋다

④ 몇 주 뒤에 잘라낸 줄기에서 새 뿌리가 자라는 것을 볼 수 있을 것이다. 뿌리가 약 3센티미터까지 자라면 작은 화분에 옮겨 심는다.

⑤ 잘라낸 줄기를 물에 꽂으면 뿌리가 자라는 모습을 지켜볼 수 있다. 그뿐 아

니라 개성 있는 유리 용기에 넣으면 장식으로도 좋다. 평소에 독특한 유리 병을 모아두거나, 중고시장에서 잼 병이나 유리 실험 용기들을 구해보자!

잎꽂이   잎꽂이 번식은 다육식물을 키우는 사람들이 좋아하는 방법이다. 식물의 건강한 잎을 따서 자른 부위에 딱지가 생기도록 건조한 곳에 하루나 이틀 정도 놓아두었다가 촉촉한 모래에 꽂는다(또는 원래 식물이 있던 화분에 도로 꽂기도 한다). 몇 달 안에 오래된 잎 밑 부분에서 새로운 식물이 자랄 것이다. 실수로 부러뜨린 다육식물의 잎을 흙 위에 놓아두어 보자. 몇 주 뒤면 어린 뿌리가 잔뜩 자라고 아주 조그만 아기 식물이 달리기도 할 것이다. 심지어 창틀에 놓아두는 것도 가능하다.

104　part 1

① 잎꽂이로 꽂아둔 염자 잎들이 피트모스와 펄라이트, 굵은 모래를 혼합한 흙에 뿌리를 내고 있다.
② 구슬얽이Sedum morganianum(옥주염)는 줄기가 길게 늘어지는 다육식물이다. 이 식물의 잎 몇 장을 촉촉한 모래에 꽂아두면 몇 달에서 1년 사이에…
③ … 다시 번식을 시작할 수 있을 만큼 자란다.
④ 잎꽂이 번식의 또 다른 방법은 잎의 일부를 자른 후 자른 면을 흙에 꽂아두는 것이다. 잎맥 하나하나에서 뿌리가 돋아 새로운 식물로 자라날 것이다. 이 방법은 페페로미아(사진 속)와 산세베리아, 베고니아를 번식시킬 때 좋다.

토양 보충

분갈이와 흙 얹기

"분갈이를 할 것이냐, 말 것이냐." 나를 여러 번 고민하게 했던 질문이다. 화원에서 새 식물을 집에 데려오자마자 분갈이를 하겠다고 즉시 결정하는 사람도 있다. '싸구려 플라스틱 화원용 화분'이 식물에게 좋지 않다고 생각하기 때문이다(사실은 토양 관리에 이보다 좋은 화분이 없다!). 어떤 사람들은 분갈이를 해야겠다고 생각만 하다가 적절한 시기를 놓치기도 한다. 분갈이가 너무 지체되면 시간과 노력을 들일 가치가 없을 만큼 식물이 흉해지기도 한다(모든 반려 식물에는 주관적 수명이 있다는 걸 기억하라). 당신이 분갈이를 해야겠다고 마음먹는 동안(또는 마음먹지 못하는 동안) 뿌리는 꾸준히 자란다. 하지만 화분 속에서 자라난 뿌리가 갈 곳은 배수공 말고는 없다. 일 년 정도가 지나면 뿌리는 화분 바닥을 휘감으며 빽빽이 엉킨 덩어리가 된다. 영어로는 이러한 현상을 '루트바운드root-bound'라고 한다. 그렇다면 분갈이를 해줘야 할 시기를 알리는 신호는 무엇일까?

번식을 위한 조언

+ 되도록 날카롭고 깨끗한 칼이나 전정가위를 사용한다.
+ 잘라낸 줄기와 잎을 꽂아둔 물이 흐려질 때마다 물을 갈아준다.
+ 잘라낸 줄기와 잎에 직사광이 닿지 않도록 한다. 간접광은 어느 정도를 쐬든 상관없다.
+ 따뜻한 곳에 둔다. 대체로 실내의 반려 식물들은 따뜻한 환경에서 뿌리를 잘 내린다.
+ 인내심을 가진다. 흙에 옮겨 심은 뒤 몇 주 혹은 몇 달이 지나야 보기 좋은 크기의 식물이 될 것이다.

- 뿌리가 화분의 위나 아래로 삐져나오거나 화분 밑바닥을 단단히 휘감고 있다.
- 1년 이상 흙을 갈아주지 않았다(흙의 영양이 고갈됐다).
- 흙이 손쓸 수 없을 정도로 단단해졌다.
- 흙이 퍼석하고 물을 적셔도 흙 입자들이 달라붙지 않는다.
- 화분 크기에 비해 식물이 지나치게 높이 자랐다.

겉으로 나타난 신호를 관찰하는 것 말고도 식물이 같은 화분에서 얼마나 오래 자랐는지 생각해 보면 좋다. 위에서 말한 신호 중 어느 하나라도 나타난다면 식물은 같은 흙에서 적어도 1년 이상 자랐을 것이다. '분갈이 필요' 진단을 내리기 전에 분갈이 신호가 있나 관찰해 보고, 식물이 그 화분에 얼마나 오래 심겨 있었는지 생각해 보라. 분갈이를 해야 할지 고민될 때마다 흙을 추가하는 것도 방법이다. '흙 얹기'는 표층의 오래된 흙 일부를 걷어내고 (3~8 센티미터 정도) 원래 흙과 비슷한 배수성을 지닌 새 흙을 더하는 방법이다. 새 흙과 오래된 흙을 부드럽게 섞어주라. 완벽히 섞을 필요는 없다. 시간이 흐르면 새 흙의 영양소가 차츰 뿌리로 길을 찾아간다.

또한, 사람들은 식물에 필요한 화분의 크기를 과대평가하는 경향이 있다. 화분에 여유가 있어야 뿌리가 더 편안할 것이라 생각하기 때문이다. 일반적으로 너무 여유 있는 것보다는 약간 비좁은 편이 낫다. 뿌리가 흙을 최대한 차지하고 있어야 당신이 물을 줬을 때 뿌리가 수분에 더 쉽게 접근할 수 있기 때문이다. 흙 속에 뿌리가 닿지 않는 부분이 있다면 그곳은 습한 상태로 더 오래 유지될 테고, 습하고 신선하지 않은 상태가 계속되면 뿌리썩음병 박테리아가 번식할 수 있다.

화분에 뿌리가 꽉 찬 식물을 분갈이할 때는 엉킨 뿌리를 부드럽게 풀어주는 것이 중요하다. 물론, 그 과정에서 일부가 부러지겠지만 다시 더 튼튼하게 자라날 것이다. 그리고 분갈이는 흙이 건조한 편일 때 하는 것이 좋다.

분갈이

분갈이는 뿌리가 최대한 빨리 자리 잡을 수 있도록 몇 가지 유익한 관리를 할 수 있는 기회가 되기도 한다.

① 식물 꺼내기. 화원용 플라스틱 화분에 심겨 있다면 화분 아랫부분을 누르면서 식물을 통째로 부드럽게 잡아당길 수 있다. 화분 재질이 딱딱하다면 작은 모종삽을 이용해 뿌리 부분을 화분 가장자리로부터 분리하면서 식물을 위로 끄집어낸다.

② 썩어가는 뿌리가 있는지 확인하라. 아마 진갈색이나 검은색을 띠거나 무른 상태일 것이다. 썩어가는 뿌리는 제거하라!

③ 젓가락으로 뿌리에 엉긴 흙덩이를 살살 풀어준다. 뿌리를 부러뜨리지 않도록 최대한 조심하라. 하지만 부러뜨리더라도 너무 걱정할 필요는 없다. 뿌리가 새 흙에서 빨리 자리 잡을 수 있도록 뭉친 뿌리를 풀어주는 것이 더 중요하다.

④ 깨진 화분 조각 대신 잡초방지천을 사용해 배수공을 덮는다. 잡초방치천을 한 롤 사두면 몇 년 동안 식물을 보살피며 쓸 수 있다. 잡초방지천은 가격이 저렴하고, 물을 통과시킨다. 그리고 대체 집 안에 깨진 화분 조각을 놔두는 사람이 몇이나 되겠는가?

⑤ 화분 바닥에 흙을 조금 넣고 부드럽게 두드리며 약간 단단해질 정도로 다진다. 이 기반층의 높이는 그 위에 식물을 놓고 흙을 덮었을 때 식물이 화분의 꼭대기에서 1.5센티미터쯤 내려올 정도가 되어야 한다. 그래야 물을 줄 때 물이 흙 표면에 고였다가 차츰 스며들며 흙 전체에 골고루 퍼질 수 있다.

⑥ 식물을 화분 중앙에 놓는다. 작은 모종삽이나 주걱을 사용해

뿌리의 측면부터 흙을 채운다. 흙이 뿌리를 잘 에워싸도록 화분을 부드럽게 흔들어줘도 좋다. 뿌리 사이사이에 흙을 채운다는 느낌으로 한다.

⑦ 화분 꼭대기에 이를 때까지 계속 흙을 채우고 부드럽게 다진다. 흙의 표면이 화분 꼭대기에서 적어도 1.5센티미터 밑으로 내려가도록 한다. 커튼 끈으로 잎을 묶고 작업하면 흙을 채우는 동안 흙 높이를 가늠하기가 더 쉽다!

⑧ 흙 높이가 화분 꼭대기와 같거나 높으면 물 주기가 성가실 수 있다. 물이 화분 밖으로 흘러넘치며 바닥에 온통 흙을 떨어뜨릴 테니 말이다. 화분 꼭대기에서 1.5센티미터 이상 내려간 높이까지만 흙을 채워라. 그러면 표면에 고인 물이 조금씩 흙으로 흘러들어갈 것이다.

⑨ 식물을 개수대 혹은 물을 흘려보낼 수 있는 장소로 들고 가서 흠뻑 물을 준다. 하늘이 많이 보이되 해는 가려지는 곳에 둔다. 밝은 간접광은 괜찮지만 직사광에 타지 않도록 주의하라. 다음 물 주기 때는 평소에 지내던 곳으로 식물을 옮겨도 된다.

9.

해충

집에서 자라는 식물들은 반려 식물에 흔히 생기는 해충의 먹잇감이 될 수 있다. 자연과는 달리 집 안에는 그들을 억제할 천적이 없기 때문이다. 특히 식물을 처음 키우는 식물집사라면 해충의 존재를 알아차리는 것조차 어렵게 느껴질 것이다. 어떤 식물인지(식물의 나이, 희소성, 대체 비용 그리고/또는 키우는 사람의 정서적 애착)와 얼마나 감염됐는지에 따라 감염된 식물을 그냥 버리는 게 나을 때도 있다. 들여야 하는 시간이나 나머지 식물들을 위해서 말이다. 얻는 것이 있으면 잃는 것도 있는 법이다!

해충 예방

제1방어선은 감염된 식물을 집 안에 들이지 않는 것이다. 화원이나 식물 전문점에서 사고 싶은 식물을 신중하게 점검하라. 잎의 뒷면과 흙의 표면을 살피면서 이 장에서 설명한 신호가 있는지 확인하라. 평판이 좋은 화원과 식물 전문점들은 식물을 매일 점검하며 해충이 퍼지기 전에 제거한다. 그러나 몇몇 화원과 식물 전문점에 새로 도착한 식물들은 겉보기에는 건강해 보여도 몇 주가 지나면 약해지면서 감염에 취약해지기도 한다.

안타깝게도 식물을 들일 때 아무리 조심한다고 해도 해충이 생길 수 있다. 대개는 해충의 알들이 부화에 적당한 조건이 되길 기다리며 잠복해 있다. 튼튼하지 않은 식물은 해충이 퍼지기에 좋은 조건이다. 적절한 빛에서 적절하게 물을 마시며 지내는 건강한 식물들은 일반적으로 해충에 대한 저항력이 더 좋다.

실내의 반려 식물에 생기는 해충은 비교적 안정적인 실내 환경과

천적의 부재로 인해 더 쉽게 확산한다. 따라서 해충의 신호를 발견하면 아무리 미미해 보이더라도 감염된 식물을 즉시 격리해야 한다. 치료를 하는 동안(살충제를 뿌리든, 눈에 보이는 대로 잡든) 감염된 식물은 실외로 옮기거나 큰 통을 사용해 다른 식물과 떨어뜨려라. 해충을 억제하는 몇 가지 일반적 방법을 알아보자. 어떤 방법을 쓰든 일반적으로 바깥쪽 잎부터 시작해 안쪽 잎으로, 윗부분에서 아랫부분으로 적용한다고 생각하면 된다. 그래야 해충들이 당신의 공격을 피해 다른 부분으로 옮겨 다닐 가능성을 최소로 줄일 수 있다.

가지치기

대부분의 해충은 천천히 움직이며, 성장하는 새잎의 끄트머리에 모이길 좋아한다. 따라서 이 끝부분을 가지치기해 버리면 해충의 개체 수를 많이 줄일 수 있다.

엽면산포 비료나 농약을 물에 타서 식물의 잎에 뿌려 양분이나 약액을 흡수하게 하는 일

단 한 번의 약제 살포로 식물의 잎에 있는 해충이 완전히 사라지리라 기대하지 않는 것이 좋다. 해충의 알은 물리적 공격에 극도로 저항하므로 지속적으로 해충을 관리할 마음을 먹어야 한다. 해충을 박멸하는 대신 개체수를 통제하는 것만으로도 충분할 수 있다.

깍지벌레에 감염된 이 염자는 심한 가지치기를 당했다. 가지치기로 깍지벌레도 제거하고 새로운 성장도 자극할 수 있으니 두루두루 득을 보는 상황이다!

토양 교체

흙에서 나타나는 해충을 억제하려면 흙을 최대한 많이 교체하는 것이 좋다. 분갈이와 비슷하지만 그보다는 흙을 더 많이 제거한다. 이 작업은 쓰레기봉투 안에서 바로 하는 것이 좋다.

반려 식물에 흔히 생기는 해충

뒤로 갈수록 교활한 해충임

뿌리파리

사람들은 대개 식물을 건드렸을 때 성체(검은색 작은 파리)가 식물 주위를 날아다니는 것을 보고 뿌리파리의 존재를 처음 알아차린다. 뿌리파리 애벌레는 아주 작은 은빛 곤충(1밀리미터 미만)으로 흙 위를 이리저리 기어 다니는데, 특히 물을 줄 때 더 잘 보인다. 이들은 퇴비가 풍부하고 습한 흙을 좋아한다. '곰팡이 각다귀 fungus gnat'라는 영어 이름은 이들이 곰팡이를 먹고 살아서 붙여진 것이다.

파키라에 붙은 뿌리파리

(피해) 뿌리파리는 반려 식물에게 직접적으로 위협을 준다기보다는 성가신 존재다. 여기저기에 뿌리파리가 몇 마리 있다고 해서 식물이 피해를 입지는 않는다.

(방제) 노란색 끈끈이 트랩이나 비눗물 그릇으로 성체를 포획하라. 화분에서 애벌레가 자라는 부분을 찾을 수 있다면 그 흙을 떠내고 화분 윗부분의 흙을 버리거나 통째로 분갈이를 하라. 뿌리파리를 퇴치하고 싶다면 퇴비(썩힌 유기물)가 들어간 토양을 피하라. '무토양 배합토 soilless mix'라고 적힌 분갈이 흙을 선택하는 것이 좋은데, 이는 피트모스와 펄라이트를 주성분으로 한다. 다만, 퇴비가 없으니 비료를 사용해 토양 영양소를 보충해야 한다는 점에 주의하라.

총채벌레

성체는 진갈색이며 식물을 건드리면 기어서 달아난다. 유충은 흐린 노란색이며 잎 표면을 기어 다닌다.

형광 스킨답서스에 앉은 성충 총채벌레. 색이 흐리게 변한 부분들은 총채벌레 때문에 생긴 손상이다.

총채벌레 유충은 흐린 노란색이고 사진에서 검은색으로 보이는 성충보다 약간 작다.

피해 총채벌레는 잎의 표면을 갉아 먹어 변색된 부분을 남긴다.

방제 옅은 색깔의 유충이 잎에 붙어 있는지 주의 깊게 살피라. 유충을 발견하면 비눗물을 묻힌 종이 타월로 닦아낸다. 잎이 심하게 감염되었다면 그냥 잘라내는 편이 안전하다. 그럴 만한 공간이 있다면 원예용 오일을 잎에 여러 차례 뿌리는 것도 효과적이다.

솜깍지벌레

성충은 더듬이가 있고 식물을 건드리면 매우 천천히 기어간다. 식물의 틈새에서 숨은 알과 유충이 보일 때도 있는데, 이들은 잎에 생긴 아주 작은 하얀 점이나 하얀 가루뭉치처럼 보이기도 한다.

염자에 달린 깍지벌레

피해 솜깍지벌레는 식물의 모든 부위에서 당이 많은 수액을 빨아먹는데 특히 새순을 좋아한다. 벌레가 증식하며 계속 먹어대므로 결국 식물은 약해져서 죽고 만다.

방제 솜깍지벌레는 발견하기 쉽다. 식물에 하얀 솜털 같은 것이 있다면 식물을 더 자세히 들여다보라. 염자처럼 가지치기를 할 수 있는 식물이라면 우선 감염된 부위를 대부분 잘라내는 것부터 할 수 있다. 남은 벌레들은 소독용 알코올을 적신 면봉으로 살짝 두드려 죽인다. 다만 잎이 두꺼운 식물이라면 알코올의 증발 효과를 견뎌낼 수 있지만, 피토니아처럼 섬세한 잎을 지닌 식물이라면 핀셋을 이용해 벌레를 제거해야 할 것이다.

응애

건조한 환경에서 햇빛을 쬐고 있는 식물이 있다면 잎 틈새에 미세한 거미줄 같은 것이 생기지 않는지 살펴보라. 만약 그런 것이 보인다면 식물을 더 자세히 조사해 보라. 노르스름하거나 연갈색을 띤 작은 곤충(1밀리미터 미만)이 보일지도 모른다.

드라세나 '토치 케인'에 생긴 응애

(피해) 응애는 식물이 생산하는 소중한 수액을 빨아 먹는다. 새순을 공격하기 때문에 공격받은 새잎의 형태나 색이 변형된다. 가만히 놔두면 식물 전체를 죽이고 다른 반려 식물에게도 옮겨 갈 것이다!

9. 해충

잎 뒷면에 생긴 오톨도톨한 자국은 응애로 인한 전형적인 손상이다.

(방제) 심하게 감염된 잎과 줄기를 솎아낸다. 그러면 개체 수를 상당히 줄일 수 있다. 응애는 어리고 부드러운 부위를 좋아하므로 이런 부위를 싹 잘라내는 방법도 있다. 그런 다음 원예용 오일이나 님 오일, 카스티야 비누(주방세제 말고)를 사라. 이 재료를 대략 물 1리터당 1테이블스푼의 비율로 분무기에 넣고 섞는다(수돗물의 경도가 높은 지역이라면 증류수를 사용하는 것이 좋다). 물은 미지근해야 한다. 분무하기 전에 화분 흙 표면을 비닐봉지로 덮어 응애들이 흙 속으로 떨어지지 않도록 한다. 혼합한 용액을 식물 전체에 분무한다. 한 시간 정도 놔둔 다음 물을 뿌려 씻어낸다. 어쩌면 이 과정을 여러 차례 반복해야 할 수도 있다. 응애는 알이 매우 작아 식물의 온갖 틈에 숨어들기 때문에 박멸하기가 어렵다.

개각충

줄기나 잎에 움직임 없는 갈색 혹은 검은색 반점들이 보이면 개각충이 들끓는 것이다. 어린 개각충은 눈에 보이는 다리가 있고 매우 천천히 움직인다. 이들은 적절한 자리를 찾으면 그곳에 멈춰 둥근 지붕 같은 보호막을 만든다.

몬스테라 잎에 생긴 개각충

(피해) 개각충도 응애처럼 식물의 수액을 빨아 먹는다. 한때 싱그러웠던 잎들이 작은 갈색 혹으로 뒤덮일 것이다. 아주 심한 경우에는 식물이 통째로 죽을 수도 있다. 하지만 그 전에 당신이 먼저 식물을 내다 버리고 싶어질 것이다.

(방제) 개각충은 대개 움직이지 않으므로 가지치기를 하는 것이 가장 효과적이다. 면봉에 소독용 알코올을 적셔서 죽이는 것도 좋다. 남은 개각충을 방제하려면 응애를 없앨 때와 같은 배합액을 분무할 수 있다. 일주일에 한 번씩 배합액을 분무하면서 눈에 띄는 대로 죽여라. 감당하기에 너무 힘든 일로 느껴진다면, 감염된 식물을 버리는 것도 방법이다. 해충과 싸우느라 정신 건강을 해치는 것보다 나을지도 모른다.

10.

반려 식물 입양하기

"그 식물을 어디에서 살 수 있나요?"라는 질문을 종종 받곤 하는데, 제대로 답을 해주지는 못한다. 내게 어떤 식물이 있다면 그건 내가 언젠가 어느 가게에서 그 식물을 발견했기 때문이다. 식물의 종과 재배종이 워낙 다양하기 때문에 화원이나 식물 전문점은 대개 다양한 식물을 돌아가면서 들여놓는다. 그리고 지역의 화원은 어린 식물을 사다가 판매할 만한 크기로 키우기 때문에, 더 큰 업체를 운영하는 도매업자가 공급하는 어린 식물에 의존할 때가 많다.

그래서 나는 지역의 화원에 무척 자주 간다. 집에 데려올 흥미로운 식물이 있는지 늘 살핀다. 직원에게 특정 식물을 구할 수 있는지 묻는 것도 좋다. 문의하는 사람이 충분히 많아지면 화원도 그 식물을 들일 가치가 있다고 판단할 것이다.

이번에는 서로 다른 종류의 가게에서 식물을 살 때 당신이 경험할 수 있는 일들을 살펴보겠다.

화원

화원은 대체로 최고로 선별된 식물들을 갖추고 있다. 당신이 특정 식물의 좋은 개체를 구하고 싶다면 가장 안전한 선택은 화원으로 가는 것이다. 화원의 식물은 다른 소매점들에서 몇 주 동안 빛에 굶주렸을 식물들에 비해 더 튼튼하고 건강하다. 화원은 식물에게 필요한 최고의 성장 조건을 갖추고 있을 뿐 아니라 식물

10. 반려 식물 입양하기

돌봄에 특화된 전문 직원들도 있다!

식물 전문점

식물 전문점에는 대체로 식물을 사랑하며, 당신이 하나 또는 열 개의 식물을 고를 동안 기꺼이 도움을 줄 직원들이 있다. 작은 식물 전문점의 매력은 좋은 식물 인테리어 아이디어를 얻을 수 있다는 점이다. 예를 들어, 당신의 공간에 화분을 어떻게 둘지 상상해 볼 수도 있다. 대체로 독특한 화분들이 있고, 가끔은 지역 예술가들이 만든 수공예 화분들도 있다.

대형 매장

대형 매장에서는 저렴한 가격에 식물을 구매할 수 있고, 의외로 좋은 식물이 있을 때도 있다. 그러나 식물에게 배정된 공간은 대체로 성장에 적절한 빛을 제공하지 않는 곳이다. 즉, 진열 상품들이 천천히 죽어가고 있다는 말이다(이런 매장에서 식물에 물을 준다면 뿌리가 썩기 쉬울 것이다). 그러므로 대형 매장에 갓 도착한 식물을 구입한다면 당신은 그 식물을 구조하는 셈이다. 예외가 있다면 화훼 센터가 따로 있는 대형 매장이다. 화훼 센터는 대개 봄부터 가을까지 문을 열며 식물들은 입양을 기다리는 동안에도 충분한 빛이 들어오는 공간에서 계속 성장할 수 있다. 흔한 식물 종의 괜찮은 개체를 찾는다면 이런 곳에서 최저가에 구하는 것도 좋다.

슈퍼마켓

아마 대형 매장에서와 같은 종류의 식물을 판매할 것이다. 상품 종류가 대체로 한정되어 있다.

편의점

내가 보기에 많은 편의점 주인들은 식물 애호가이기도 한 듯하다! 편의점이란 이름처럼 접근 편의성이 좋다. 상품 수는 적지만 당신이 찾던 식물을 발견하게 될지 모른다.

항목별 광고란

어떤 주인들은 식물이 나이가 들면 흥미를 잃기도 한다. 그에게는 그 식물의 주관적 수명이 다한 셈이다. 종종 신문의 항목별 광고란에서 "좋은 가정에 무료 입양"이라는 식물 입양 광고를 볼 수 있다. 당신이 가지치기와 분갈이에 요령이 있다면 적은 비용으로 당신의 식물 컬렉션을 늘리는 기회가 될 수 있다. 식물은 항상 주변 환경과 돌보는 방식에 따라 자신만의 개성을 띠게 되기 때문에 뜻밖의 선물로 개성 있는 식물을 만나게 될 수도 있다. 다만, 주의해야 할 점도 있다. 해충에 감염된 식물을 집에 들이지 않도록 주의하라. 그 식물이 방치되고 병든 상태였다면 해충의 주요 표적이 되기 쉽다.

식물 교환 · 인터넷 동호회

마음이 맞는 식물집사와 만나는 것은 식물 돌보기에 대한 지식을 넓히고 다른 사람들이 어떻게 식물을 돌보는지 알아가는 즐거운 방법이다. 꺾꽂이용 줄기부터 식물에 얽힌 이야기까지 기꺼이 공유하고 싶은 지역의 식물 애호가들을 찾아내기란 그리 어렵지 않다. 꺾꽂이에서 출발해 식물을 키우려면 극한의 인내가 필요하지만 매우 뿌듯한 경험이 될 것이다.

화원에는 고를 수 있는 반려 식물의 종류가
놀랍도록 많다.

화원에서 마음에 드는 식물을 하나만 골라내기
어려울 때가 많다. 나는 이 구슬얽이들을 살펴보며
몇 시간을 보낼 것이다.

식물 스와프plant swap. 식물 스와프에서 꺾꽂이용 식물을 교환하는 것은 새 식물을 얻는 경제적인 방법이다. 그리고 다른 식물집사들과 수다를 떠는 일은 언제나 재미있다.

이 홀쭉한 디펜바키아는 "좋은 가정에 무료로 입양" 가능하다.

식물 전문점에는 늘 시선을 끄는 진열품들이 있다.

10. 반려 식물 입양하기   125

식물 스와프plant swap

식물 스와프의 자리에서 꺾꽂이용 식물을 교환하는 것은 새 식물을 얻는 경제적인 방법이다. 그리고 다른 식물집사와 수다 떠는 일은 늘 재미있다.

소셜미디어

소셜미디어는 소매업자와 공급자에게 더 적합하다. 인기 있는 반려 식물 계정의 피드를 따라가며 사람들이 어떤 이미지에 관심을 보이는지 살펴보라. 요즘 사람들이 어떤 식물을 좋아하는지에 대해 많은 정보를 얻을 수 있을 것이다. 최근 떠오르는 반려 식물은 떡갈잎고무나무와 몬스테라, 필레아 페페다.

식물 사냥

해충을 찾아라

식물 쇼핑을 어디서 하든, 당신이 생각한 특정 식물을 찾아가기 전에 매장 전체를 대강 훑어보라. 어떤 해충이든 해충이 보인다면 적신호다. 어느 한 식물에 매혹되기 전에 그곳을 떠나는 것이 좋다. 감염된 식물을 집에 들이면 위험하다. 해충이 새 숙주들로 퍼질 수 있다.

지금 원하는 크기의 식물을 사라

화원은 식물에게 집중 훈련소와 같다는 점을 잊지 말라. 고품질의 식물을 키워내기 위한 최적의 조건을 갖춘 곳이다. 당신이 화원에서 산 근사한 식물을 집에 들여 1년 동안 온전히 유지할 수 있다면 대단한 일을 성취한 것이다. 따라서 집에 들이고 싶은 식물의

집에 가는 길

10. 반려 식물 입양하기   127

크기를 미리 생각해서 그 크기의 식물을 구입하는 것이 좋다. 모험심이 있다면 작은 크기의 식물을 사서 식물의 성장 과정을 지켜보는 것도 괜찮다. 하지만 4인치 화분의 드라세나가 옆에 있는 8인치 화분의 드라세나와 똑같은 모습으로 성장할 것이라는 기대는 버려야 한다.

집에 데려오기

식물을 차로 운반할 때 핵심은 화분을 고정시켜 잎 손상을 최소화하는 것이다. 정중하게 요청하면 화원에서 상자나 받침대를 얻을 수 있다.

이 어린 식물들은 화원에 더 오래 있어야 한다.

11.

유용한 도구들

여느 취미와 마찬가지로 식물 돌보기도 적절한 장비를 사용하면 더 즐겁다. 일상 용품의 또 다른 용도를 발견하는 일도 재미있다. 요즘 흔히 하는 말처럼 생활의 "꿀팁"을 찾는 재미가 있다.

① 물뿌리개

당신은 반려 식물에게 물을 주는 방법을 충분히 이해했다. 이제 좋은 물뿌리개에 투자할 시간이다. 주둥이가 긴 물뿌리개를 찾는 것이 좋다. 물줄기의 방향을 조절하고, 잎 아래쪽과 둘레에 이리저리 움직이며 물을 주기에 편하기 때문이다. 사려고 마음먹은 물뿌리개가 당신의 개수대에 맞는지도 확인해야 한다. 긴 주둥이에 균형 잡힌 자태를 지닌 물뿌리개는 아름답다. 어쩌면 여러 개를 사서 식물 키우는 공간 여기저기에 놓고 싶어질지 모른다.

② 젓가락·통풍 도구

토양을 통풍시킬 때 젓가락은 이상적인 도구가 될 수 있다. 끄트머리가 뭉툭해서 뿌리 손상을 최소화할 수 있기 때문이다. 스테인리스 제품이 일회용 나무젓가락보다 내구성이 좋다. 일회용 나무젓가락은 몇 달 쓰고 나면 망가지기 쉽다. 나는 젓가락 몇 개를 준비해 식물 화분이 있는 여기저기에 놓아두었기 때문에 언제든 손 닿는 곳에 하나씩 있다.

보고 있으면 기분이 즐거워질 물뿌리개를 사라.

① 일반적인 화장실 세면대에는 더 작은 물뿌리개가 적합할 것이다.
② 젓가락과 산세베리아
③ 스파티필룸 정리하기
④ 대형 스포이트로 흘러넘침 방지
⑤ 스파티필룸 잎의 먼지 닦기
⑥ 목욕하는 날
⑦ 산세베리아 화분 세 개에 물을 쉽게 주는 법
⑧ 큰 얼룩무늬 스파티필룸 옮기기
⑨ 흙이 쏟아진 드라세나 화분
⑩ 식물 돌보기 시간

③ **손잡이가 긴 가위**

닿는 범위가 길고 정밀한 가위가 있다면 가지치기와 죽은 잎 제거를 쉽게 할 수 있다.

④ **대형 스포이트**

받침대 위에 올린 큰 화분에 물을 줄 때 물이 받침대 밖으로 흘러넘치지 않게 대형 스포이트로 재빨리 빨아올리면 좋다. 무거운 화분을 들 필요도, 바닥으로 천천히 흘러넘치는 물을 무력하게 바라볼 필요도 없다.

⑤ **젖은 종이 타월과 큰 스펀지**

잎에 먼지가 끼면 광합성과 가스교환의 효율성이 떨어질 수 있다. 나는 큰 스펀지로 잎의 밑면을 받친 채 촉촉한 종이 타월로 잎을 닦아준다. 완충재 역할의 스펀지가 있으니 잎을 더 꼼꼼하게 닦을 수 있다.

⑥ **압축 분무기**

식물을 샤워시키기 좋아한다면 실제 샤워기를 사용할 때 곳곳에 물이 튈 수 있다. 대략 3.5~7.5리터 용량의 압축 분무기는 통제된 고압 분무에 훌륭한 도구다. 가끔 분무해 주면 잎의 먼지를 제거하는 데 좋다.

⑦ **작은 플라스틱 통**

물을 주거나 분갈이를 하기 위해 식물들을 옮겨야 할 때가 자주 있다. 여러 차례 왔다 갔다 하고 싶지 않다면 작은 플라스틱 통에 화분 여러 개를 넣어 물 주는 곳까지 들고 가는 것이 좋다. 분갈이를 할 때도 이런 방법을 사용하면 흙이 바닥과 탁자 곳곳에 떨어질까 염려할 필요가 없다. 이런저런 도구를 정리할 때도 좋다.

⑧ 소포 포장지

식물을 자동차로 운반할 때 바닥을 고정시키면서 잎 손상을 막고 싶을 것이다. 소포 포장지를 구겨 넣어서 화분 아랫부분을 안전하게 받칠 수 있다. 이 사진에서도 잎이 좌석 뒷부분에 닿지 않게 하려고 소포 포장지를 이용했다.

⑨ 미니 빗자루와 쓰레받기

식물을 돌보다 보면 여기저기 흙을 흘리는 일을 피할 수 없다. 진공청소기를 쓰고 싶지 않거나 써야 할 필요가 없을 때 작은 빗자루와 쓰레받기로 흙을 치울 수 있다.

⑩ 칸막이 수납 통

언제든 사용할 수 있도록 도구를 칸막이 수납 통에 정리해 두라.

part 2. 반려 식물을 위한 일기 House Plant Journal

반려 식물을 위한 일기

식물들의 삶을 깊이 알아갈 때, 식물집사로서 가장 뿌듯함을 느낀다. '반려 식물을 위한 일기'는 나와 함께하는 식물들과 그들에 대해 알게 된 사실을 사진으로 정리한 매일의 기록이다. 반려 식물을 다루는 수많은 책들은 화려한 식물 소개를 뽐내지만 나는 그저 키우는 동안 즐거웠던 몇몇 식물의 이야기를 공유하려 한다. 한 식물이 여러 해 동안 변화하는 모습도 담았다. 같은 식물을 키우는 독자가 있다면 나의 기록을 보고 앞으로 식물과의 관계가 어떻게 전개될지 상상해 볼 수 있을 것이다. 어쨌든 식물집사로서 가장 뿌듯함을 느낄 때는 식물이 자라고 변화하는 모습을 지켜볼 때다!

이 관찰 일기 부분에서 나는 각 식물을 위한 생존 전략과 성장 전략도 다루었다. 식물의 생존 전략을 알면 빛이 적은 환경에서도 식물이 최대한 오래 생존할 수 있도록 도울 수 있고, 성장 전략을 알면 밝은 간접광이 비추는 환경에서 행복하게 사는 식물에게 어떤 성장을 기대할 수 있는지 알게 될 것이다. 또한 토양 관리와 한 식물의 주관적 수명에 대한 정보도 실었다. 식물이 보기 좋은 형태를 얼마나 유지할지, 더 이상 그 형태를 유지하지 못할 때 당신이 무엇을 해야 할지 알게 될 것이다.

다음에 소개되는 식물들은 주로 내가 좋아하는 열대식물들이다. 다양한 품종을 키우는 재미를 주는 식물도 있고, 매혹적인 생장 습성을 지닌 식물도 있으며, 낮과 밤의 흐름에 따라 잎을 펼쳤다 접는 식물도 있고, 번식시키고 나누는 즐거움을 주는 식물도 있다. 방 하나를 점령할 수 있는 괴물부터 아주 작은 덩굴까지 크기도 다양하다. 이들이 함께 모여 당신의 탐험과 배움을 위한 하나의 세상이 된다.

식물을 돌보는 일에 자신감이 붙으면 당신은 내가 이 책에서 소개한 인기 실내 식물 목록에 없는 다른 식물도 발견하게 될 것이다. 예를 들어, 직사광을 풍부하게 받을 수 있는 환경이라면 선인장과 다육식물의 세상을 탐험하게 될 것이다. 이 책에서 소개하는 식물 돌보기의 거시적 원칙은 어느 종류의 식물에든 적용할 수 있다. 식물마다 각기 다른 지시사항을 익혀야 한다는 생각은 낡은 사고방식이다. 새로운 사고방식을 기억하라.

"식물 돌보기는 똑같은 기본적 원칙의 작은 변형일 뿐이다."

드라세나 Dracaena

드라세나의 생장점은 가운데 줄기, 곧 몸통에서 나온다. 새잎이 나오면 줄기 낮은 곳의 오래된 잎들은 죽는다. 가장 흔한 재배 스타일은 성숙한 줄기를 잘라내 그루터기에서 서너 개의 새 줄기가 돋아나도록 하는 것이다. 가끔은 이렇게 잘라낸 줄기들을 서로 엇갈리게 배치하여 보기 좋은 실내 식물을 만들기도 한다. 아니면 한두 개의 줄기가 숲을 이루도록 키울 수도 있다. 화분이 작다면 성숙한 줄기를 몇 개의 작은 그루터기로 잘라 하나씩 따로 심을 수도 있다. 식물들은 많은 부분이 잘려나간 듯해도 계속 성장하는 놀라운 능력이 있다. 잠들었던 분열조직(새 줄기를 생산할 수 있는 왕성한 세포들이 있는 곳)이 깨어나 새순을 만드는 것이다!

생존을 위한 돌봄 전략

내 장인은 드라세나 프라그란스(행운목)를 창문이 하나도 없는 위층 복도에서 10년쯤 키웠다. 이 드라세나의 잎은 암녹색이고 홀쭉하다. 기껏해야 밤에 4시간 정도 위층 불빛이 식물을 비추는데 잎이 받는 빛의 양은 30풋캔들이 되지 않을 것이다. 물론 장인은 이 식물을 돌보는 법을 잘 안다. 흙을 수분이 거의 없는 상태로 유지하고, 죽은 잎이 쌓이지 않게 관리한다. 토양 통풍도 잘 시켜주면서 뿌리를 썩게 하는 박테리아가 퍼지기 전에 식물이 토양의 수분을 모두 사용할 수 있는 조건을 만들어준다. 집 안의 어두운 구석에 '생기를 더하기' 위해 식물을 나둘 때는 식물이 생명 유지 장치에 의존해 연명하고 있는 것처럼 조심해서 다뤄야 한다. 실제로도 식물은 위태롭게 목숨을 유지하고 있기 때문이다.

성장을 위한 돌봄 전략

100풋캔들 이상의 빛을 받는 장소에 있는 드라세나는 조금씩 성장할 것이다. 드라세나는 빛이 적은 환경을 잘 견딘다. 조도가 높아지면 몇 가지 눈에 띄는 현상이 생긴다. 무늬가 있는 잎들은 색의 대비가 선명해지고 낮은 곳에 달린 많지 않은 잎들이 떨어질 것이다(어쨌든 결국 떨어질 잎들이긴 하다!). 그리고 한 해가 지날 때마다 키가 눈에 띄게 자랄 것이다. 직사광을 몇 시간쯤 쪼이는 것은 괜찮지만 온종일 햇빛에 노출되면 잎이 탈색될 수 있다.

토양 관리

적절한 빛이 드는 환경에 사는 드라세나는 건조한 흙과 젖은 흙을 다 견뎌내지만 건조한 편이 더 안전하다. 그러므로 물을 자주 주지 않아도 된다(게으른 이들을 위한 선물이다!). 드라세나는 큰 화분으로 팔리는 경향이 있으므로 물을 주기 위해 직접 화분을 들고 옮기게 되는 일은 없을 것이다. 토양을 자주 통풍시켜 수분이 최대한 고르게 침투할 수 있도록 하라. 1년 이상이 지나 뿌리가 흙 표면으로 살짝 올라오거나 전체적으로 성장 속도가 느려진다면 분갈이를 하거나(공간이 있다면) 화분 표면에 흙을 추가한다.

주관적 수명

드라세나는 굉장히 오래 사는 반려 식물에 속한다. 천장에 닿을 때까지(몇 년이 걸릴 것이다) 계속 자란다. 이렇게 크게 자란 시점에는

키 순서대로: 드라세나 마지나타, 드라세나 데레멘시스 '레몬 라임', 드라세나 데레멘시스 '와네키'

가운데 줄기를 잘라낼 수 있다. 식물이 전반적으로 건강하다면 잘라낸 줄기 끄트머리에서 새로운 줄기 두세 개가 나올 것이다. 식물의 모양도 크게 달라질 것이다. 이것이 바로 가지치기다!

드라세나 '토치 케인'은 잎에 흥미로운 주름이 있다. 다른 드라세나처럼 아래쪽에 달린 잎들은 결국 갈색으로 변해 떨어진다. 적절한 빛을 받는 환경에 있고 당신이 물을 적절하게 주고 있다면 오래된 잎이 떨어진다고 걱정할 필요는 없다!

드라세나의 재배 스타일 - 생장점이 여럿인 몸통들을 엇갈려 배치했다.

드라세나 *Dracaena*　　145

드라세나 관찰 일기

드라세나는 몇 년을 자란 뒤에야 자신의 진정한 개성을 보여줄 것이다. 드라세나의 줄기는 이런 흥미로운 이야기를 들려줄지도 모른다. "옛날 옛적에, 이 구불구불한 부분이 생기지도 않았던 시절에…." 드라세나를 키울 때 화분의 방향을 돌려주면 줄기는 가장 가까운 창문을 향해 자란다. 그러므로 이론상 일정 기간마다 화분을 조금씩 돌려주면 드라세나는 근사한 나선 모양으로 자랄 것이다.

드라세나는 나이가 들면서 잎에 고된 노동의 흔적이 생긴다. 사진 속 드라세나 '레몬 라임'의 잎을 보라. 토양 속 수분에 섞여 있던 불순물들이 잎에 쌓여 끄트머리가 갈색으로 변한 것이다. 나는 내 식물들이 티 없는 조각처럼 크리라 기대하지 않는다. 내가 충분한 빛과 물을 주고 있다면, 식물이 행복해할 것임을 나는 안다.

my plant diary

드라세나의 몸통에 난 줄, 즉 상처는 잎이 붙어 있던 곳을 알려준다. 이 드라세나의 줄기에서 내 손가락이 가리키는 부분을 보면 상처와 상처 사이의 거리가 더 멀다. 잎이 떨어지는 속도를 (아주 대충) 계산해 보니 이 부분은 3년 전쯤 줄기의 끄트머리였으리라 짐작할 수 있다. 그 무렵에 우리는 새 사무실로 이사했고 이 드라세나를 밝은 창가에 두었다. 하지만 이사 오기 전 사무실에서 한동안 이 드라세나를 창가에 멀리 있는 휴식 공간에 놓아둔 적이 있었는데, 그때 생장점이 더 많은 빛을 향해 몸을 뻗으며 잎을 천천히 만들었기 때문에 상처 사이의 거리가 멀어진 것 같다.

당신이 드라세나 프라그란스를 친절히 대했다면 꽃대가 돋을 것이다. 하지만 경고하건대 강한 냄새를 내뿜고 끈적거리는 수액을 분비해 난감할 수 있다.

드라세나 *Dracaena*

다양한 형태의 잎

드라세나속 식물의 잎은 색과 무늬가 아주 다양하다. 진초록 잎, 거의 보라에 가까운 잎, 가장자리가 붉은 잎, 주름진 잎, 노란 줄무늬를 가진 잎이 그 예다. 심지어 빨강, 초록, 하양이 섞인 아름다운 삼색 잎도 있다.

my plant diary

드라세나 *Dracaena*

엽자 엽좌, Jade Plant

엽자Crassula Ovata는 눈물 모양의 볼록한 잎을 가졌고, 나무 같은 형태로 키울 수 있어 실내 가드너들에게 오랜 사랑을 받았다. 새로 꺾꽂이한 개체는 온통 초록빛이지만 몇 년간 환한 빛을 받으면 줄기 아래쪽이 목질화한다.

생존을 위한 돌봄 전략

낮 최고 밝기가 100~300풋캔들이라면 당신의 엽자가 화원에서 올 때 달려 있던 잎만큼 큰 잎을 새로 틔우리라 기대하지 않는 게 좋다. 창문에서 멀리 떨어진 엽자는 매우 느리게 성장하고 심지어 홀쭉해진다. 이 정도 밝기의 빛에 사는 엽자는 생장점에서 최소한의 잎만 내밀며 근근이 연명하고 있을 뿐이다. 오래된 잎들은 생존을 위해 떨어질 것이다. 물을 줄 때도 신중해야 한다. 이 정도 빛에서 토양을 흠뻑 적시면 뿌리가 썩을 위험이 크기 때문이다. 물을 준 뒤 하루 이틀만이라도 더 밝은 곳에 두는 것이 좋다. 물 주기 간격이 크기 때문에 토양이 단단하게 뭉칠 수 있으므로 종종 토양을 통풍시켜야 물이 골고루 스며들 수 있다.

성장을 위한 돌봄 전략

엽자는 양지에서 몇 시간 정도 있는 것을 포함해 500풋캔들 이

엽자의 여러 변종(위에서부터 시계 방향으로):
잔물결 모양 잎이 달린 엽자, 손가락 같은 잎이 달린 '골룸' 엽자, 실버 엽자, 평범한 초록 엽자, 황금엽자, 얼룩무늬 엽자(가운데)

염자 *Jade Plant*

상의 조도에서 매우 행복하게 자랄 것이다. 그래도 처음 집에 들이던 때의 모습과 비교하면 새로 성장한 부분은 홀쭉할 것이다. 그러나 가지치기를 해주면 몇 달 안에 한 줄기에서 새로 두 줄기가 나올 가능성이 크다. 잎을 살짝 쥐어보면 어느 정도의 수분을 갖고 있는지 확인할 수 있다. 잎이 단단하고 통통하다면 물을 주지 말라. 물은 흙이 완전히 말랐을 때 주는 것이 좋지만 잎이 주름지기 시작했다면 너무 오래 지체하지 않는 것이 좋다.

주관적 수명

적절한 빛이 갖춰진 환경이라면 수십 년 동안 염자를 즐겁게 키울 수 있다. 과감하게 가지치기를 해서 가지를 풍성하게 하라. 특히 처음부터 큰 식물에서 출발했다면 잎과 줄기로 번식을 시켜볼 수 있다. 염자를 오래 키울 때 겪는 가장 흔한 문제는 흙이 극도로 단단해지는 것이다. 토양을 자주 통풍시켜 주고 분갈이를 해주면 극복할 수 있다. 분갈이는 보통 2년마다, 식물이 빠르게 성장한다면 1년마다 하고 봄에 하면 좋다. 염자는 윗부분이 무거워질 때가 많으므로 줄기 주변의 흙을 꾹꾹 눌러준다. 필요하다면 뿌리가 새 화분을 채울 때까지 지지대를 사용해 식물을 똑바로 지탱해 준다. 배수성을 높이기 위해 굵은 모래와 펄라이트를 섞은 혼합토를 사용하는 것이 좋다. 플라스틱 화분이라면 (보수력이 더 높으므로) 굵은 모래를 더 많이 섞고, 토분이라면 (통기성이 더 좋으므로) 덜 섞으면 된다.

작은 얼룩무늬 염자(왼쪽)와 한 화분에 함께 심은 몇 그루의 일반 염자(오른쪽)

염자 *Jade Plant*

염자 관찰 일기

매우 목이 마른 염자의 잎은 처지고 주름진다. 흙에 물을 흠뻑 준 뒤 며칠이 지나면 잎이 다시 통통해지면서 단단해진다.

염자는 오랜 기간 마른 흙에 있는 걸 좋아하므로 토양을 자주 통풍시켜 주는 것이 특히 중요하다. 마른 상태가 오래 유지되면 흙이 무척 단단해질 수 있는데, 그러면 흙에 물이 골고루 스며들기 어렵다.

오래된 잎들이 갈색으로 변하며 떨어져도 걱정하지 말라.

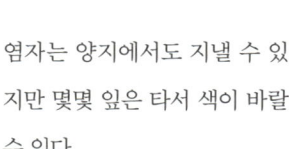

염자는 양지에서도 지낼 수 있지만 몇몇 잎은 타서 색이 바랄 수 있다.

염자의 변종

황금염자는 양지에 놓아두고 물을 약간 부족하게 주면 아름다운 오렌지빛을 띤다.

염자의 가지치기와 번식

염자는 생장점 부근을 잘라 새로 식물을 번식시킬 수 있지만, 개별적인 잎으로도 새로 키우는 것이 가능하다. 가지에서 떨어질 때 생긴 상처에 딱지가 덮일 때까지 떨어진 잎을 놔둔 다음(대개 며칠 걸린다) 촉촉한 모래나 선인장용 흙에 심는다. 그러면 이런 식물을 얻게 된다.

나무 같은 염자를 원한다면 나무처럼 가꾸는 힘든 작업은 화원에 맡기는 편이 나을 수 있다. 물론 약간의 노력과 효과적인 가지치기로 당신도 해낼 수 있다.

줄기와 잎을 꺾꽂이한 화분들. 염자를 키우는 사람의 번식 스테이션은 늘 분주할 것이다!

새로 자란 염자를 소형 화분에 옮겨 심으면 당신의 식물집사 친구들에게 좋은 선물이 될 것이다.

염자의 각 줄기는 밖으로 자라며, 한 번에 잎을 두 장씩 낸다. 생장점에서 가지치기를 하면 분지원 줄기에서 갈라져 나온 가지를 촉진할 수 있다(이렇게 잘라낸 가지는 번식시킬 수 있다). 성장기가 시작될 때 가지치기를 하고 적절한 빛을 주면 몇 주 안에 두 개의 새로운 생장점이 돋아날 것이다. 이 염자는 심한 가지치기를 당한 뒤 몇 주 만에 미친 듯이 새잎을 내기 시작했다. 바깥뿐 아니라 줄기 안쪽의 마디들에서도 잎이 돋아나고 있다.

캥거루펀고사리 캥거루발고사리, Kangaroo Paw Fern

보스톤고사리와 킴벌리퀸고사리는 비켜라. 캥거루펀고사리 Microsorum diversifolium도 그 못지않게 매력적이다. 심지어 죽은 잎을 청소하기도 더 쉽다! 죽은 잎 치우기는 식물집사가 피해갈 수 없는 일 중 하나다. 캥거루펀고사리의 잎은 발바닥 paw 같은 하나의 구조로 자라기 때문에 잎이 죽을 때 작은 잎들을 무수히 떨어뜨리는 보스톤고사리나 킴벌리퀸고사리보다 치우기 쉽다.

생존을 위한 돌봄 전략

캥거루펀고사리는 조도가 낮은 환경(이를테면 100풋캔들 정도)에서도 키울 수 있다. 그러나 그 정도로 빛이 적다면 많이 성장하지는 않을 테고 오래된 잎들이 죽어 떨어지면서 한때 우거졌던 잎도 듬성해질 것이다. 새로운 잎은 느리게 나올 것이며 더 단순한 생김새를 띠게 될 것이다. 잎의 '발가락' 개수가 적어진다는 말이다. 흙이 완전히 마를 때까지 기다렸다가 물을 줘도 된다. 단, 물이 골고루 스며들 수 있도록 흙을 부드럽게 통풍시켜라. 어쩌다가 물을 흠뻑 줬다면 식물 스스로 수분을 관리할 수 있도록 직사광을 살짝 가린 창가에 며칠 놔두는 게 좋다.

성장을 위한 돌봄 전략

조도가 200풋캔들이 넘는(심지어 약간의 직사광이 드는) 곳에서 캥거루펀고사리는 왕성하게 성장한다! 이 정도 빛에서 좋은 성장을 유지하려면 흙이 부분적으로 마를 때마다(잎이 눈에 띄게 축 처질 것이다) 흠뻑 젖을 정도로 물을 주어야 한다. 토양 통풍을 조금씩 시켜주면

토양이 딱딱해지는 것을 막는 데 도움이 된다. 새잎이 나오는 게 보이면 비료를 주고, 새잎이 나오는 게 뜸해지면 당분간 멈추는 게 좋다. 식물이 쉬는 중이기 때문이다. 1년 정도 지나면 캥거루펀고사리의 텁수룩한 뿌리줄기가 화분 테두리를 넘어 기어 나올 것이다. 몇 개만 삐죽 나온 상태라면 그냥 놔둬도 되지만 화분의 외부를 다 덮을 정도라면 분갈이를 해야 한다. 피트모스와 펄라이트를 5:1로 섞은 배합토라면 충분하다. 나는 아직 내 캥거루펀고사리의 포기를 나누지 않았지만, 그다지 어렵지는 않을 것이다. 잘 드는 칼로 뿌리를 나눈 후 나뉜 포기를 화분에 각각 심으면 된다.

주의
뿌리줄기의 털에 닿으면 다소 따끔거린다!

캥거루펀고사리 관찰 일기

첫째 날

회사에서 식물 구입비를 주었다! 나는 8인치 바구니에 담긴 이 캥거루펀고사리를 저렴한 가격에 구입했다. 이 식물은 사무실 주방의 큼직한 남향 창문의 창턱에서 살게 될 것이다. 주변에 높은 건물이 많아 낮 동안 대체로 햇빛이 들지 않으니 '음지'로 분류할 수 있는 환경이다. 그래도 하늘이 잘 보이는 장소이고 가끔 해도 살짝 보이니 평균 300풋캔들의 빛은 받을 것이다.

2개월 뒤

뿌리줄기들이 더 많은 흙을 찾아 나섰다! 새로 난 잎들이 흙 밖으로 나온 뿌리줄기 사이에서 자라고 있다.

5개월 뒤

분갈이 시간! 새 뿌리들이 새 흙을 더 빨리 찾을 수 있도록 뿌리에서 오래된 흙을 털어내는 게 중요하다.

10개월 뒤

새로 옮긴 12인치 화분에서 지낸 몇 달 뒤, 새순이 돋는 것을 보니 식물이 행복해하는 것 같다.

1년 7개월 뒤

뿌리줄기들이 다시 흙을 찾아 나서기 시작했다!

2년 5개월 뒤

바깥쪽 잎들이 자라면서 화분이 보이지 않는다. 10개월에 찍은 사진과 비교해 보면 플라스틱 고리가 잎 속에 얼마나 잠겼는지 알 수 있다!

캥거루펀고사리 잎의 성장

① 세 손가락이 달린 어린잎이다. 식물이 자랄수록 새순들은 더 많은 '손가락'을 갖고 태어난다. 이미 태어난 잎은 나이가 든다고 손가락 개수가 늘진 않는다. 이 어린잎은 나이가 들어도 늘 세 손가락일 것이다.

② 고사리가 보여주는 복잡성! 이제는 일곱 손가락이다!

③ 고사리에 작은 혹들이 생기기 시작하면 사춘기가 시작된 것이다. 몇 주 안에 잎 밑면에 새 식물이 탄생할 수 있는 포자가 생길 것이다!

④ 잎의 윗면 - 포자 형성의 초기 단계다.

⑤ 잎의 밑면 - 성숙한 포자들이 보인다.

마리모 모스볼 — Marimo Moss Ball

마리모 모스볼을 소개할 때 가장 먼저 언급해야 할 것이 있다. 엄밀히 말해 마리모 모스볼은 이끼가 아니라 공 모양으로 자라는 일종의 조류(藻類)라는 것이다. 마리모의 모양은 끊임없는 물의 흐름으로 유지된다. 자연에서도 마리모는 천천히 자라는데, 1년에 지름이 약 5밀리미터쯤 자란다고 알려져 있다. 그러므로 여러 해 동안 거의 변함없는 수족관 장식을 원한다면 마리모를 선택하는 것이 좋다!

생존을 위한 돌봄 전략

마리모는 물에 살기 때문에 직사광을 완전히 피하는 것이 최선이다. 해에 너무 많이 노출되면 마리모의 일부가 갈색으로 변할 수 있다. 이 친구들은 하루 최고 100풋캔들이 넘지 않는 조도에서도 잘 지내는 것 같다. 물이 흐려질 수 있으니 가끔씩 갈아주면 좋다. 나는 그냥 용기를 손으로 문지르며 물에 헹궈내기만 한다. 비누나 세제는 금물!

성장을 위한 돌봄 전략

마리모는 상당히 느리게 자라기 때문에 마리모가 크게 크길 바라며 구입하는 사람은 없을 것이다. 300~800풋캔들 범위의 조도면 이들은 충분한 속도로 성장할 것이다. 다시 말하지만 직사광을 피하고 물이 흐려지는 게 보일 때마다 물을 갈아주라.

마리모 모스볼 *Marimo Moss Ball*

마리모 모스볼 관찰 일기

첫째 날
나는 이 마리모들을 택배로 받았다. 비닐봉지에 밀봉된 상태로 도착했는데 틀림없이 일주일 정도는 운송 상태에 있었을 것이다. 이들을 바로 신선한 물이 담긴 병에 넣었다.

6개월 뒤

처음 도착했을 때 마리모 모스볼의 크기를 쟀더라면 좋았을 텐데. 오늘 재보니 큰 마리모의 지름이 55밀리미터다.

일주일에 한 번씩 공중식물을 목욕시킬 때 마리모를 함께 물에 넣어둔다. 마리모의 동그란 모양은 물의 흐름으로 유지되니 용기를 정기적으로 부드럽게 돌려주는 게 신중한 처사일 것이다. 하지만 조금도 움직이지 않고 가만 놔두었을 때 무슨 일이 일어나는지는 실험해 보지 않았다.

1년 뒤

큰 마리모의 지름이 59밀리미터가 됐다. 1년에 평균 5밀리미터를 성장하는 데 성공했다!

파키라 Money Tree

파키라Pachira aquatica는 일반적으로 네 개의 어린 줄기를 땋아서 키운다. 이렇게 땋는 이유는 줄기 하나에 서너 개의 잎만 나기 때문에 식물이 다소 듬성해 보일 수 있기 때문이다. 네 줄기가 무리 지어 있으면 나무 같은 모양이 되며 전체적으로 더 풍성해 보인다.

생존을 위한 돌봄 전략

새로 구입한 파키라를 100풋캔들 미만의 빛이 들어오는 곳에 둔다면 많은 성장을 기대하지 말라. 오히려 아래쪽 잎들이 대부분 떨어져서 약간 휑한 모습이 될 것을 예상해야 한다. 파키라의 줄기들은 적은 빛으로 지탱할 수 있을 만큼의 잎만 지킬 것이다. 흙이 완전히 마를 때까지 기다렸다가 부드럽게 토양을 통풍시킨 다음 물을 주라. 당신만 파키라의 듬성한 모습이 괜찮다면 파키라는 약한 빛에서도 살아남을 것이다.

성장을 위한 돌봄 전략

200풋캔들 이상의 빛에서는 파키라가 성장하는 모습을 볼 수 있다. 약간의 직사광은 괜찮다.

토양 관리

파키라는 온갖 토양 습도에 너그러운 편이다. 그러므로 물 주는

나는 식물이 집 안 환경에서 오래 자란 뒤 갖게 되는 개성 있는 모습을 사랑한다. 나는 친구가 키우던 이 파키라를 지난 몇 년간 맡아 돌봤다. 꼬아놓은 밑동에서부터 벌어진 줄기의 모습을 보라.

파키라 *Money Tree*

수고를 최대한 덜고 싶다면 흙이 완전히 마를 때가 돼서 물을 줘도 괜찮다. 흙을 찔러보며 토양이 얼마나 건조한지 점검하라. 이 과정은 토양을 통풍시켜 뿌리에도 공기를 통하게 해줄 것이다. 새 순이 나오기 시작하면 이제 비료를 사용법대로 줘도 된다.

주관적 수명

파키라는 점점 키가 커질 것이다. 낮은 곳의 잎들은 새잎이 날 때마다 늘 떨어질 것이다. 식물을 건강하게 키웠다면(적절한 빛과 물을 주었다면) 줄기를 가지치기해도 좋다. 밑동만 남을 때까지 잎을 다 잘라내도 식물은 다시 성장할 것이다. 파키라는 아주 작은 화분에서도 잘 견디지만 윗부분이 무거워지는 경향이 있어서 이들이 자라면 당신이 분갈이를 하고 싶어질 수 있다. 같은 화분에서 계속 키운다면 해마다 흙을 보충해 주는 것도 좋다. 그래도 2년에 한 번 정도는 분갈이를 해줘야 할 것이다. 파키라는 여러 해를 살 수 있다!

파키라가 나이 들 때까지 관리하기

파키라는 자연스럽게 갈수록 키가 커진다. 따라서 잎 무게 때문에 땋은 줄기가 끝나는 지점부터 줄기 각각이 밖으로 벌어지기 시작한다. 결국 당신은 선택을 해야 할 것이다. 튼튼한 금속 막대를 지지대로 세워 줄기들을 함께 묶어주거나 당신이 원하는 높이까지 줄기들을 잘라낼 수 있다. 땋은 줄기의 끄트머리에서 한두 줄기를 잘라내면 몇 달 안에 잘라낸 부분에서 새 줄기들이 나온다. 새로 나온 줄기에서 잎 몇 개가 자랄 때쯤 남은 줄기들도 가지치기를 할 수 있다. 이렇게 시간 차를 두고 가지치기를 하면 밑동만 남은 쑥스러운 모습이 되는 걸 막을 수 있다. 남겨진 줄기의 측면에서 자라는 새 줄기를 보라.

파키라 *Money Tree*

파키라 관찰 일기

줄기 하나만 있는 파키라는 보기 어렵다. 사실, 이 파키라도 원래 네 개의 줄기가 함께 땋여 있었지만 몇 달(혹은 몇 년)을 빛이 잘 들지 않는 편의점에서 지냈더니, 하나의 줄기만 남았다. 당연히 나는 할인된 가격에 이 파키라를 구입했다.

이 파키라의 줄기들은 여러 해 전에 이미 각자의 길을 가기로 결정한 듯 보인다.

또 다른 친구의 파키라. 북쪽을 향해 난 큰 창 앞에서 늘 잘 지내왔다. 그런데 갑자기 나무의 잎이 변색되더니 투명한 수액을 흘리기 시작했다. 자세히 살펴보니 개각충에 감염되어 있었다. 식물에 약제를 뿌릴 만한 실외 정원이 없었으므로 나는 가지들을 모두 잘라내길 제안했다. 물론, 땋은 밑동만 멋쩍게 남았지만 전체적으로 식물은 건강했다.

모든 줄기를 잘라내고 두 달밖에 지나지 않았는데 새잎들이 자랐다! 식물이 건강하다면 밑동까지 계속 잘라내도 새 줄기가 나올 것이다.

몬스테라 Monstera

당신은 몬스테라의 매혹적인 잎에 매료되어 내면에 숨어 있는 '괴물'을 알아차리지 못한 채 이들을 입양할지도 모른다. 몬스테라Monstera deliciosa는 다소곳해 보일지 몰라도 매우 큰 잎을 지닌 공격적인 덩굴이다. 장기간 강한 빛을 받을수록 잎 사이 간격이 좁아지고 식물이 점점 촘촘해지며 시간이 흐른 뒤엔 상당히 커질 것이다. 몬스테라 잎의 천공(잎에 난 구멍과 찢어진 부분)은 강한 비바람에 손상을 입지 않기 위해 생겼다고 널리 알려져 있다. 하지만 연구에 따르면 사실 이 천공들은 빛 흡수를 최적화하려는 몬스테라의 생존 전략이다. 더 적은 재료로 더 넓은 지역을 덮기 위해 구멍이 큰 그물을 만드는 것과 같은 이치다.

생존을 위한 돌봄 전략

당신이 굳이 몬스테라를 창문에서 먼 곳에 두어야 한다면 우아하게 굶기면서도 죽이지 않는 것이 가능하다. 하지만 그런 환경에서 식물의 성장을 위한 조언을 따라 한다면 몬스테라를 죽게 할 수 있다. 몬스테라는 하루 중 가장 밝은 시간에 50~100풋캔들의 빛이 비추는 정도로도 근근이 살아갈 수 있다. 흙은 건조하게 유지하고 일주일에 한 번 정도는 젓가락으로 흙을 풀어주어 뿌리가

아주 높은 곳에 있는 이 몬스테라의 유일한 광원은 해가 방을 비추는 몇 시간 동안 반사되는 햇빛밖에 없다. 누군가는 이 식물을 보고 가냘프다고 하겠지만 내가 보기에는 나름의 매력이 있다. 식물은 이렇게 말하는 것 같다. "이건 내 책장이야. 여긴 내 집이야!"

질식하지 않게 하라. 잎이 축 늘어지고 얇아지면(드디어 수분이 빠져서) 단단한 흙을 풀어준 다음 흙 표면 전체를 덮기에 충분한 물을 5센티미터 깊이까지 붓는다(적어도 지름 8인치짜리 화분을 가정했을 때다). 식물이 충분히 목이 마른 상태라면 화분 배수공으로 내려오는 물이 조금도 없을 것이다. 화분 배수공으로 흘러나오는 물이 있다면 아마 몇 주 동안은 남아 있을 것이다. 오래된 잎들이 노랗게 변하면 잘라낼 준비를 하라. 비축된 식량이 보충되지 않고 고갈될 때 식물은 잎을 포기한다.

새로 자란 잎은 작고 약할 것이다. 흙이 너무 축축하면 잎끝이 진한 갈색이 될 수도 있다. 약한 식물은 병도 더 잘 걸린다. 화원에서 갓 들고 온 식물을 이런 환경에 두었다면 빛을 향해 몸을 뻗으며 더 홀쭉하게 자랄 것이다.

성장을 위한 돌봄 전략

하늘이 잘 보이는 위치에서(200풋캔들 이상의 빛과 조금의 직사광은 괜찮다) 몬스테라는 행복하게 공급된 물을 다 소모한다. 그러므로 흙이 몇 센티미터 깊이까지 마를 때마다 흠뻑 적셔주어도 좋다.

토양 관리

화분에 심긴 몬스테라는 언젠가는 토양 영양분을 다 소모할 것이다. 하지만 몬스테라는 큰 화분으로 팔릴 때가 많으므로 완전히 분갈이를 하는 대신에 새 흙을 얹어줄 수도 있다. 새잎이 나오는 게 보인다면 다음 몇 주 동안은 비료를 줘도 괜찮다. 몬스테라의 토양은 대체로 좋은 구조를 유지하는 편이니(편안하고 헐렁하다) 가끔씩, 아마 서너 번 물 주기에 한 번 정도 토양을 통풍시켜 주면 된다.

주관적 수명

몬스테라는 적절한 환경이 갖춰지면 수십 년을 자랄 수 있다. 줄기 하나마다 5~7장의 잎이 달리고 새잎이 자라면 가장 오래된 잎이 떨어진다. 당신이 보기에 덩굴이 너무 길게 자란다면 오래된 잎 한두 장이 남을 때까지 줄기를 가지치기하고 잘라낸 부분을 꺾꽂이용으로 친구에게 줄 수 있다.

몬스테라 잎의 형태는 펼쳐지기 전에 이미 결정된다. 식물이 나이가 들어도 이미 나온 잎의 형태는 달라지지 않는다. 그러나 전체적으로 건강하다면 아마 나중에 나온 잎일수록 더 커지고 구멍과 찢김이 더 복잡해질 것이다.

몬스테라 관찰 일기

첫째 날

좁은 집에서 감당하기 힘들 정도로 마구 자란 이 몬스테라를 팔고 싶다는 누군가의 광고를 보고 연락했다. 판매자가 원하는 가격은 10달러.

7개월 뒤

식물이 더 촘촘해 보이도록 천원샵에서 산 작은 대나무 격자 구조물을 사용해 덩굴들을 묶었다. 몬스테라는 표면을 따라 자라고 싶어 하므로 지지대가 없는 화분에서 자라게 놔두면 제멋대로 자라며 화분 가장자리 너머로 늘어진다. 이 위치에서 몬스테라는 블라인드로 여과된 햇빛을 받는다. 맑은 날에는 300풋캔들의 빛을 받지만 흐린 날에는 50~80풋캔들의 희미한 빛만을 받는다. 그런 날 몬스테라는 배고플 것이다.

몬스테라는 덩굴 마디에 공기뿌리를 만든다. 자연에서 몬스테라의 공기뿌리들은 나무에 달라붙을 수 있다. 공기뿌리로 몬스테라는 지지물을 단단히 붙들고 어쩌면 18미터까지도 자랄 수 있는 자신의 덩굴에 물과 영양을 공급한다. 그렇다고 집에서 키울 때 이 공기뿌리들을 수태봉이나 나무줄기 같은 곳에 붙일 필요는 없다. 나는 화훼 센터에서 쉽게 구할 수 있는 부드러운 고무 끈으로 덩굴을 지지대에 고정한 다음 공기뿌리들이 흙으로 내려갈 수 있게 방향을 잡아줬다.

8개월 뒤

몬스테라를 교회로 옮기기로 결정한 시원섭섭한 날. 교회에서 이 몬스테라는 방 하나를 독차지하게 될 것이다. 내 자동차의

앞좌석을 최대한 앞으로 당기니 뒷좌석에 몬스테라가 딱 맞게 들어갔다. 돌봄 루틴에 중요한 변화가 필요하다. 나는 일주일에 한 번 교회에 가므로 고정된 간격으로 물을 줄 수밖에 없을 것이다. 그러나 몬스테라는 우리 집에 있을 때보다 훨씬 밝은 빛을 받게 될 테니 분명 일주일 사이에 목이 마를 것이다.

"걱정하지 마, 몬스테라! 매주 보러 올게. 이곳이 더 넓고 빛도 더 좋아." 사진 왼쪽에 서향으로 창문이 달린 문이 있다. 늦은 오후 햇살이 바닥에 닿는 것을 볼 수 있다. 그래서 나는 잎이 타지 않도록 식물을 창에서 살짝 멀리 두었다. 몬스테라가 성숙해지면 햇빛을 더 잘 견딜 것이다. 오른쪽으로 난 큼직한 북향 창문은 완벽한 '밝은 간접광'을 제공한다. 빛을 측정하니 300풋캔들 이상이 나왔다. 몬스테라는 이곳에서 아주 잘 지낼 것이다!

1년 뒤

잎 모양이 더 복잡해지고 있다.

1년 3개월 뒤

몬스테라가 대나무 지지대보다 더 크게 자라서 더 큰 채소용 금속 지지대를 갖고 왔다. 이번에도 큰 줄기들은 지지대에 묶고 공기뿌리들은 아래로, 화분 토양으로 향하게 놔뒀다.

2년 뒤

어째서 이 몬스테라는 이렇게 무성하고 빽빽해 보일까? 화분에 일곱 줄기의 덩굴이 있어서 그렇다. 몬스테라는 덩굴 하나에 잎들이 줄줄이 달리는 것이 특징이다. 대개 몬스테라는 두세 덩굴을 한 화분에 심어서 판다. 그러므로 아무리 적절하게 보살펴도 각 덩굴이 최대한 지탱할 수 있는 잎의 수만큼만 '풍성한 느낌'을 낼 수 있다. 내 몬스테라는 일곱 덩굴이 함께 있기 때문에 일곱 덩굴에서 자란 잎들이 모여 풍성한 느낌을 준다.

2년 4개월 뒤

이 무렵 몬스테라는 오래된 잎들을 많이 떨어뜨리기 시작했다. 오래된 잎들이 차츰 노랗게 변했다. 완전히 노랗게 변하면 덩굴에서 제거하기 쉽다. 당신이 제공하는 성장 환경과 그 한계를 이해할 때 당신은 식물의 삶과 죽음을 받아들일 수 있다. 오래된 잎들이 이렇게 떨어지는 것은 영양소의 순환 때문이다. 식물은 새잎을 성장시키기 위해 오래된 잎에서 양분을 빨아들인다. 비료나 토양 보충으로 잎의 변색을 늦출 수는 있지만 완전히 막는 것은 불가능하다. 식물은 생존을 위해 필요한 일을 하고 있다는 사실을 받아들이자.

3년 뒤

덩굴 몇 개가 지지대를 벗어나 자라기 시작했다. 덩굴들이 계속 위로 자랄 수 있도록 곧 바로잡아야겠다.

my plant diary

몬스테라 *Monstera*

천손초 칼랑코에, Mother of Thousands(Kalanchoe)

이 다육식물은 가장자리에 수많은 자구가 매달린 창 모양의 잎으로 쉽게 알아볼 수 있다. 이 자구들은 출동 명령을 기다리는 식물 왕국의 침략군처럼 보이기도 한다. 화분에 심긴 천손초를 구했다면 열대와 아열대 지역에서는 급속히 퍼지므로 실외에 심지 않는 것이 좋다.

생존을 위한 돌봄 전략

천손초를 조도가 낮은 곳(200풋캔들 미만)으로 좌천시키면 천손초의 진정한 매력을 만날 수 없다. 자구를 생산하지 않는 작은 잎들만 얻게 될 것이기 때문이다. 하늘과 해를 최대한 많이 보여주면 자구들을 꽤 볼 수 있을 것이다!

성장을 위한 돌봄 전략

200풋캔들 이상의 빛을 받는 곳에서는 새순이 나올 것이다. 직사광을 조금 쏘이면 천손초라는 이름값을 한다. 수천까지는 아니라도 수백 개의 자구가 생긴다.

토양 관리

적절한 빛이 들어오는 환경이라면 토양이 완전히 마를 때마다 물을 줘도 괜찮다. 나는 천손초를 키우면서 토양을 통풍시킬 필

천손초 줄기가 화분 가장자리를 넘어 아래로 구부러지다가 다시 위를 향했다.

천손초 *Mother of Thousands*

요는 그다지 느끼지 않았다. 침략군의 뿌리는 빈약한 토양에서도 잘 적응하는 법이다!

주관적 수명

천손초는 자구를 워낙 많이 만들어내기 때문에 '귀한 식물' 부류에 속하지는 않는다. 자구 하나를 비옥한 선인장용 토양에 심고 해가 드는 위치에 놔두면 1년 안에 만족할 만한 크기로 자라나 다시 많은 자구를 만들 것이다. 몇 해가 지나면 오래된 잎들이 몸을 돌돌 말다가 줄기에서 떨어져 나갈 것이고, 이때 자립할 자구를 많이 남겨놓는다. 그러므로 천손초를 키우는 일은 순환적이다. 자구에서 성체로, 성체에서 다시 번식할 수 있는 새로운 자구로 순환한다.

천손초 관찰 일기

첫째 날

멀리 이사 가는 친구의 반려 식물들을 입양했는데 이 천손초도 그중 하나다.

이 자구들은 이미 뿌리를 키우며 더 많은 토양을 침략할 준비하고 있다.

1년 뒤

이 자구의 군대를 보라! 이렇게 자랄 수 있었던 것은 내가 이 천손초를 사무실 주방 창턱에 옮겨놓았기 때문이다. 남향 창문이지만 주변의 더 높은 건물들 때문에 해는 조금 가려진다.

my plant diary

2년 뒤

1년 전쯤 사무실의 누군가가 자구 하나를 떼어내 드라세나의 화분에 꽂아두면 재미있을 거라 생각했다. 이제 이 침략자는 실제로 드라세나의 화분에 자구들을 떨어뜨리며 불쌍한 드라세나의 양분을 훔치고 있다. 이 사진을 찍은 다음 나는 드라세나의 화분 속 모든 아기 천손초들을 제거했다.

천손초는 새로운 잎들을 계속 성장시키며 가장 낮은 곳에 있는 잎들을 떨어뜨린다. 그동안 자구들은 살길을 찾아 가까운 토양에 정착한다. 이 알로에는 초대받지 않은 손님 때문에 기분이 좋지 않다.

천손초 *Mother of Thousands*

옥살리스 사랑초, Oxalis

자주색이나 초록색을 띠는 옥살리스Oxalis triangularis는 토끼풀, 곧 클로버를 닮았기 때문에 성 패트릭의 날아일랜드에 기독교를 전파한 성 패트릭을 기리는 축제로 매년 3월 17일에 열린다. 클로버는 이 행사의 종교적인 상징물로 아일랜드의 국장이기도 하다 무렵에 흔히 구할 수 있다(옥살리스는 '가짜 클로버'라 불리기도 한다). 실제로 줄기마다 세 장의 잎이 달려 있다. 식물 집사들은 밤에는 우산이 접히듯 줄기 쪽으로 접혔다가 아침에 다시 펴지는 잎들 때문에 옥살리스를 사랑한다. 잎들은 어둠에서 보낸 시간의 길이를 기억함으로써 언제 다시 잎을 펼쳐야 할지를 '안다'. 나는 예전에 자고 있는 옥살리스 줄기 몇 개에 밝은 LED 생장등을 두 시간 동안 켜둔 적이 있다. 이 줄기들은 빛에 반응해 잎을 펼쳤다. 몇 시간 뒤 아침이 왔을 때 다른 줄기들은 잎을 펼쳤지만 잠을 방해받은 줄기들은 오후 늦게, 태양이 높이 솟았을 때까지 잎을 펼치지 않았다.

생존을 위한 돌봄 전략

낮 시간대 최고 밝기가 100풋캔들 정도에 불과한 환경이라면 처음 집에 올 때 달려 있던 줄기들은 시들어버리고 화분에 흙만 남게 될 것이다. 이렇게 잎이 말라죽더라도 알뿌리는 아마 여전히 살아있을 것이다. 흙을 수분이 거의 없는 상태로 유지하고 토양이 너무 단단해지지 않도록 가끔 통풍시킨다. 몇 주 안에 새로운 줄기들이 나타날 것이다. 화원에서 자랄 때만큼 풍성해지지는 않겠지만 이 정도로 빛이 적은 환경에서는 알뿌리 하나당 두세 줄기가 나오는 것에 만족해야 한다.

옥살리스 *Oxalis*

성장을 위한 돌봄 전략

600풋캔들까지 조도를 올릴 수 있다면 말라죽은 줄기들이 새로 성장하는 줄기들로 대체될 것이다. 흙이 부분적으로 마른 것 같을 때마다 물을 주라. 옥살리스가 직사광을 어느 정도 받고 있다면 물을 준 당일이라도 흙이 바싹 말라 줄기가 수그러질 수 있다. 그러면 즉시, 흠뻑 물을 주라! 죽은 줄기들은 완전히 마르면 손으로 쉽게 제거할 수 있다. 새로운 줄기들이 자랄 때마다 액체 비료를 사용법에 따라 줄 수 있다.

주관적 수명

옥살리스는 알뿌리에서 자란다. 옥살리스 알뿌리는 줄기들이 말라죽은 뒤에도 새 줄기를 계속 생산하니 화분에 흙만 남았다고 해서 절망하지 말라. 줄기가 다 말라죽거나 줄기 대부분이 죽어간다면 분갈이를 하는 것이 최선이다. 피트모스에 펄라이트를 섞은 평범한 배합토면 충분하다.

흙이 거의 마른 상태일 때 옥살리스는 낮에도 여전히 잎을 살짝 오므릴 것이다. 목마른 옥살리스(왼쪽)와 충분히 물을 마신 옥살리스(오른쪽)를 비교해 보라. 옥살리스가 낮에도 잎을 살짝 오므리고 있다면 당장 물을 흠뻑 주어야 한다는 신호다.

빛이 적은 환경(100~200 풋캔들)에서는 몇 달 안에 많은 줄기가 말라죽을 수 있다. 적응기가 지나면 알뿌리에서 새 줄기가 돋아날 것이다.

새로 자라난 잎들은 처음처럼 풍성한 느낌을 주지 않을 수도 있다. 그렇다면 당신의 미적 취향을 미니멀리즘으로 바꾸면 된다.

옥살리스 *Oxalis*

알뿌리로 출발해 옥살리스 키우기

첫째 날

당신은 옥살리스 알뿌리를 사서 언제든 키우기 시작할 수 있다. 나는 온라인으로 열 개의 알뿌리를 사서 흙 표면에 고르게 배치했다. 그리고 흙을 얇게(약 0.6센티미터) 알뿌리 위에 덮었다. 물을 흠뻑 주고 해가 잘 드는 창가에 두었다.

1개월 뒤

알뿌리를 심은 지 1개월 뒤. 많은 알뿌리에서 줄기가 하나씩 돋아났다. 앞으로 더 나올 것이다!

이 사진에서는 초기 단계의 잎줄기(왼쪽)와 꽃대(오른쪽, 내 손가락이 가리키는 곳)가 보인다. 이 작은 줄기들을 보려면 흙 주변을 세심히 살펴야 한다.

my plant diary

2개월 뒤

잎이 보기 좋게 풍성해졌다. 이제 꽃을 즐길 때가 됐다.

옥살리스 *Oxalis*

part 2

스파티필룸 Peace Lily

스파티필룸은 선명한 색상의 멋진 대칭형 잎을 갖고 있기 때문에 단독으로 놓아도 근사한 느낌을 준다. 화원에서 스파티필룸을 재배할 때는 빠른 속도로 성장시키며 개화를 촉진하는 천연 식물 호르몬 지베렐린산을 주입한다. 이런 방법으로 재배자들은 일 년 내내 꽃이 핀 스파티필룸을 팔 수 있다. 그러나 대부분의 집 안 환경에서는 처음 핀 꽃이 시들고 나면 몇 달 간격으로 두세 개의 꽃을 보는 정도일 것이다.

생존을 위한 돌봄 전략

스파티필룸은 '적은 빛에서도 잘 지낸다'라는 표현의 또 다른 희생자다. 스파티필룸에게 살 기회를 주고 싶다면 적어도 낮 최고 조도가 50풋캔들은 되어야 한다. 물론 이렇게 낮은 조도에서는 많이 성장하리라 기대하지 않는 게 좋다. 흙의 대부분이 건조해지면 스파티필룸은 급격히 시들어버린다. 흙이 흠뻑 젖을 정도로 물을 주어야 활기를 되찾을 것이다. 이따금 토양을 통풍시켜 주면서 신선한 공기가 통하지 않는 토양을 풀어주면 좋다. 그러지 않으면 뿌리가 썩을 수 있기 때문이다.

성장을 위한 돌봄 전략

100~600풋캔들의 빛이 있는 곳이라면 스파티필룸은 어디에서든 잘 성장할 것이다. 빛이 강할수록 토양의 수분을 더 빨리 소

스파티필룸의 개화 과정. 활짝 피기까지 몇 주가 걸린다.

모한다는 것을 기억하라. 그러므로 스파티필룸을 이보다 훨씬 밝은 환경에 둔다면(800풋캔들부터 양지까지) 며칠 만에 시드는 기미가 보일 것이다. 이런 기미가 보이면 즉시 물을 흠뻑 주어야 영구적인 손상을 막을 수 있다. 그러므로 조도 100~600풋캔들 정도의 공간이 식물은 잘 성장하고 당신은 물 주기에 편안한 환경일 것이다.

주관적 수명

처음에 피었던 꽃이 지고 나면 스파티필룸에 싫증을 내는 식물집사도 있지만 간접광 환경을 이해하고 적절하게 물을 주는 식물집사라면 몇 달마다 꽃을 보는 기쁨을 누리게 될 것이다. 새순이 자라면 노랗게 변하는 잎들을 잘라낼 준비를 하라.

스파티필룸은 축 처질 때 즉시 물을 주면 다시 활기를 되찾는다. 그러나 식물이 시들 때까지 놔두는 습관은 좋지 않다. 뿌리가 영구적으로 손상되어 잎들이 활력을 되찾지 못할 수도 있다.

지베렐린산을 지나치게 도포하면 가끔 스파티필룸의 꽃에 이상이 생기기도 한다. 이를테면 한 꽃대에서 여러 꽃이 자라기도 한다(오른쪽). 이 꽃을 일반적인 스파티필룸의 꽃(왼쪽)과 비교해 보라.

스파티필룸 *Peace Lily*　　197

스파티필룸 관찰 일기

이 얼룩무늬 스파티필룸은 얇은 커튼을 통과해 여과된 빛을 즐기고 있다.

얼룩무늬 스파티필룸은 사랑스러운 하얀 얼룩과 거친 질감의 잎을 지니고 있다.

꽃을 발견하는 것은 스파티필룸을 키우는 집사들에게 가장 신나는 일이다. 스파티필룸은 뿌리가 화분에 꽉 차게 자랐을 때 꽃을 피울 가능성이 높다고들 한다. 진화적 관점에서 일리 있는 말이다. 새잎을 내기 전에 식물은 지금이 씨앗을 재생산하기에 적절한 시기인지 가늠해 볼 것이다. 뿌리가 자랄 공간이 다소 비좁다고 느끼면 지금 있는 자리에서 더 많은 잎을 키우는 것보다 씨를 이용해 새 생명을 퍼트리는 쪽이 더 가치 있다고 판단할 것이다.

돌돌 말린 새잎이 먼저 돋은 잎 옆에서 나오고 있다. 새잎이 줄기를 드러낼 만큼 충분히 자라면 꽃망울이 생기는지 주의 깊게 지켜보라.

시든 꽃의 줄기는 잘라내라. 잎집(엽초)에서 꽃이 나온 지점의 바로 윗부분에서 자르면 된다.

오래된 잎들이 완전히 누렇게 변색되면 잘라낸다. 당신이 적절한 빛과 물을 제공하고 있다면, 오래되어 노랗게 변한 잎들을 제거하는 일이 식물 돌보기의 자연스러운 일부임을 받아들여라.

꽃은 몇 주에서 두 달에 이르기까지 근사한 흰색을 유지하지만 결국 초록색이나 갈색으로 변하며 진다. 꽃이 질 때 식물이 전체적으로 흉해 보일 수 있으니 시든 꽃들을 잘라내고 다음 꽃이 필 때까지는 잎을 즐긴다.

스파티필룸을 화원에서 금방 데려왔다면 식물이 당신의 집 안 환경에 적응하는 동안 오래된 잎 중 많은 잎이 노랗게 변하거나 갈색 반점이 생길 수 있다.

꽃을 피우고 난 뒤 시든 꽃들을 정리해 준 스파티필룸

my plant diary

스파티필룸 *Peace Lily*

필로덴드론 덩굴 Philodendron Vines

'필로덴드론'은 서로 꽤 비슷한 일군의 식물들을 부르는 일반명이다. 덩굴로 자라는 필로덴드론에는 필로덴드론 실버와 필로덴드론 헤데라세움 Philodendron hederaceum 필로덴드론 헤데라세움 '브라질' Philodendron hederaceum 'Brazil', 필로덴드론 헤데라세움 미칸스 Philodendron hederaceum micans 등이 포함된다. 덩굴로 자라는 필로덴드론은 스킨답서스와 무척 비슷하게 생겼으며, 스킨답서스를 키울 때와 비슷하게 돌봐야 한다.

생존을 위한 돌봄 전략
필로덴드론 덩굴은 최소한의 빛(대략 50풋캔들)으로도 보기 좋은 모양을 유지할 수 있지만 그냥 모양만 유지하고 있을 뿐이다. 온 힘을 다해 소중한 생명을 유지하고 있을 뿐이라는 말이다. 토양이 고루 살짝 건조한 상태를 유지하도록 하고 물이 고여 곪는 부분이 없도록 규칙적으로 토양을 통풍해 줘야 한다.

성장을 위한 돌봄 전략
100~300풋캔들 사이의 환경이라면 덩굴이 조금 성장할 것이다. 300~800풋캔들 사이의 조도에서는 얼룩무늬가 더욱 또렷해질 것이다. 그러나 직사광에 한두 시간 이상 노출되면 잎의 진한 색이 흐려지며 탈색된 것처럼 변한다. 따라서 맑은 날 햇빛이 몇 시

필로덴드론은 매다는 바구니에 늘 잘 어울린다.
사진 속 식물은 아름다운 필로덴드론 실버 Scindapsus pictus다.

필로덴드론 덩굴 *Philodendron Vines*

간 동안 직접 창문으로 들어온다면 얇은 하얀 커튼으로 빛을 가려주는 것이 좋다.

토양 관리

빛이 적절하다면 튼튼한 성장을 위해 토양을 골고루 촉촉하게 유지하라. 흙이 거의 전부 마르면 잎이 축 늘어지며 생기가 없어질 것이다. 토양을 통풍시켜 건조한 부분을 풀어낸 다음 흙이 흠뻑 젖도록 물을 주면 금방 활기를 되찾는다. 하루 이틀 놔두면 처졌던 잎들이 다시 싱그러워질 것이다. 덩굴에서 새잎들이 돋아나는 것이 보이면 액체 비료를 사용법대로 사용해도 좋다.

주관적 수명

한두 해가 지난 뒤 식물이 잘 적응했다면 덩굴의 바깥 부분은 여전히 무성하지만 화분 흙 근처에는 듬성한 곳이 더러 생길 것이다. 스킨답서스를 키울 때처럼 꺾꽂이용으로 줄기를 잘라 뿌리를 내리고 다시 원래 화분으로 옮겨 심거나 더 작은 화분 몇 곳에 새로 심을 수 있다. 필로덴드론은 장기간 보살필 수 있는 훌륭한 반려 식물이다.

필로덴드론 덩굴은 계속 길게 자라날 것이다. 작은 벽고리의 도움으로 벽에 고정해 왕성하게 성장하는 공간의 느낌을 낼 수 있다. 덩굴이 스스로 벽에 달라붙기도 한다.

하트리프 필로덴드론의 꺾꽂이. 일단 뿌리를 내리면 원래 화분에 다시 심어 더 풍성한 느낌을 낼 수도 있고, 작은 화분에 옮겨 심어 친구들에게 선물할 수도 있다.

탈색된 잎들. 이 덩굴들은 여름에 3~4시간 동안 직사광을 받았다. 필로덴드론에게는 다소 강한 빛이다. 햇빛에 탄 잎(왼쪽)은 색이 바랜 것처럼 보이는 반면 정상적인 잎들(가운데와 오른쪽)은 더 진한 초록색을 띤다.

필로덴드론 덩굴 *Philodendron Vines*

필로덴드론 vs 스킨답서스

① 생장점

스킨답서스(왼쪽)의 새잎과 줄기는 나머지 부분과 거의 같은 색이며 잎 자체가 생장점이다. 필로덴드론(오른쪽)의 생장점은 불그스름하다. 생장점에서 잎이 나와 펼쳐지고 있는 동안에도 덩굴은 계속 길게 성장하며 갈 길을 간다.

② 잎집엽초

스킨답서스의 잎집(왼쪽)은 잎꼭지(잎을 덩굴에 연결하는 줄기)에 늘 붙어 있지만 필로덴드론의 입집(오른쪽)은 느슨하게 달려 있다가 결국 떨어져 나간다.

③ 공기뿌리기근

대개 스킨답서스(왼쪽)는 크기가 더 큰, 목질의 기근 하나와 더 작은 기근들을 갖고 있으므로 마디를 만지면 따끔거릴 수 있다. 덩굴 표면은 홈이 파여 있고 더 거칠다. 필로덴드론의 기근(오른쪽)은 더 작고 그다지 뾰족하지 않다. 덩굴 표면은 더 매끈하다.

덩굴로 자라는 필로덴드론의 품종들

일반적으로 '하트리프 필로덴드론'으로 불리는 필로덴드론 헤데라세움은 사랑스러운 초록 잎과 번식하기 쉽도록 왕성하게 자란 덩굴을 만든다.

필로덴드론 실버(스킨답서스 픽투스)는 밝은 빛을 받으면 반짝이는 사랑스러운 은빛 반점이 있다. 새틴 스킨답서스satin pothos라 부르는 사람도 있지만 나는 에피프레넘속 식물에게만 스킨답서스라는 일반명을 쓰는 걸 선호한다. 필로덴드론 같은 붉은 줄기 대신 스킨답서스처럼 초록 줄기를 갖고 있다.

필로덴드론 '브라질'은 하트리프 필로덴드론의 재배종으로,
불규칙해 보이는 패턴의 노란 줄무늬를 뽐낸다.

벨벳 필로덴드론Philidendron hederaceum micans은 이름값을 한다.
화분에 새로 심은 꺾꽂이들인데, 긴 덩굴로 자라나면 좋겠다.

이 모든 얼룩무늬 잎들은 하나의 필로덴드론 '브라질'에서 나왔다.
참고: 이 이미지를 제작하는 과정에서 어떤 잎에도 해를 주지 않았습니다.

필로덴드론 덩굴 Philodendron Vines

필레아 페페 Pilea

필레아 페페로미오이데스 Pilea peperomioides는 최근 인기 있는 반려 식물 중 하나다. 이 식물이 인기를 얻기 시작하자 상업 재배자들 사이에서는 상품 쟁탈전이 벌어졌고, 적절한 빛을 공급해 줄 수 있고 공간적 여유가 있는 개인 재배자들은 작은 4인치 화분을 80달러에 판매한다는 광고를 올리기도 했다! 다행히 건강한 필레아 페페는 자구(작은 아기 식물)들을 내놓기 때문에 당신은 식물 애호가 모임에서 다른 식물과 쉽게 교환할 수 있을 것이다(나도 그렇게 해서 내 필레아 페페를 얻었다).

생존을 위한 돌봄 전략

당신이 창에서 멀리 떨어진 선반을 필레아 페페로 장식하고 싶다는 욕망에 사로잡히고 말았다면 죽은 잎을 치울 준비를 해야 한다. 오래된 잎들이 누렇게 변해 떨어질 것이다. 최고 일조량이 150풋캔들 미만이면 필레아 페페는 환경에 적응하기 위해 오래된 잎을 떨어뜨려야 하기 때문이다. 몇 달 안에 식물은 지나치게 오래 수분을 머금은 토양 때문에 뿌리썩음병에 굴복하거나, 휑한 줄기 끄트머리에 잎 두세 장을 아주 천천히 내미는 모습으로 남을 것이다. 당신은 오래된 잎들이 계속 누렇게 변해 죽어가는 모습에 걱정을 하게 될지도 모른다. 그러나 이런 변화는 빛이 적은 환경에 적응하는 일반적인 식물의 전략일 뿐이다. 뿌리가 썩을 위험은 토양 통풍을 통해 줄일 수 있다.

구부러진 줄기와 함께 멋지게 성숙한 필레아 페페. 개성이 가득하다.

필레아 페페 *Pilea*

성장을 위한 돌봄 전략

하늘이 잘 보이고 심지어 두어 시간 햇빛도 들어오는 곳에서 필레아 페페는 근사하게 자랄 것이다. 오래된 잎들은 여전히 노랗게 변해 떨어지겠지만 전체적으로 식물은 풍성한 상태를 유지한다. 잎의 지름은 약 10센티미터까지 자랄 것이다. 필레아 페페가 200풋캔들 이상에서 지낸다면 며칠 만에 토양의 수분을 쉽게 다 소모한다. 이렇게 성장하는 동안에는 토양을 골고루 촉촉하게 유지하고 잘 통풍시켜야 한다. 다만 토양을 통풍시킬 때 나중에 자구가 될 땅 밑의 줄기가 손상되지 않도록 주의하라.

주관적 수명

건강한 필레아 페페는 첫 해 안에 자구를 6~8개까지 만든다. 그러면 당신은 자구를 분리하고 옮겨 심느라 바빠질 것이다. 이때 모체는 오래된 잎들을 떨어뜨리며 다소 지쳐 보이기 시작한다. 당신이 용감하다면 시험 삼아 모체의 가운데 줄기를 잘라 뿌리를 내볼 수 있다. 잘린 모체가 새로운 줄기를 내는 동안에도 남은 밑동은 계속 자구를 생산할 것이다.

집에서 키운 필레아 페페. 판매 광고를 올릴 때가 됐다.

빛이 잘 드는 곳이라면 필레아 페페는 모체가 자리 잡은 지 몇 달 만에 많은 자구를 생산할 것이다.

필레아 페페 *Pilea*

필레아 페페 관찰 일기

첫째 날

드디어 필레아 페페를 손에 넣었다! 같은 지역의 한 식물 애호가가 페이스북 그룹에 자신이 키운 필레아 페페 자구를 다른 식물과 교환하고 싶다는 글을 올렸다. 우연히도 그가 찾는 네온 스킨답서스가 내게 있었다.

4개월 뒤

2인치 화분에서 이 3.5인치 화분으로 처음 분갈이한 후 새잎이 몇 개 자랐다. 사용한 흙은 피트모스에 펄라이트를 더한 흔히 쓰는 배합토다.

8개월 뒤

또 다른 화분 졸업! 이제는 5인치 화분으로 옮겨주었다. 분갈이를 하는 동안 기분 좋은 발견을 했다….

첫 번째 자구가 생겼다!

my plant diary

10개월 뒤

분갈이 이후 자구 둘이 튼튼하게 자라고 있다. 이 정도 크기면 따로 화분에 독립시킬 수 있다.

1년 뒤

모체를 화분에서 꺼냈더니 생긴 지 얼마 안 된 더 어린 자구 몇 개와 흙 속에서 자구를 틔우기 위해 빛을 찾는 줄기 두 개가 더 있었다. 화분 바닥을 기어가던 이 줄기가 배수공을 발견했다면 화분 밑으로 자구가 생길 뻔했다!

1년 1개월 뒤

분갈이 후 한 달이 지났다. 방향을 잡아주었던 땅 밑 줄기가 흙 표면으로 나와 성공적으로 첫 잎들을 틔웠다! 몇 달 안에 자구 분리 작업을 다시 해야 할 것이다.

1년 3개월 뒤

식물 생장등으로 키운 엄마 필레아 페페(왼쪽 뒤)와 첫째(왼쪽 앞), 세 동생들(오른쪽). 납작한 잎 모양에 주목하라.

필레아 페페의 분갈이

① 날카롭고 깨끗한 칼로 모체와 자구 사이의 연결 부위를 뿌리 부분에서 잘라낸다.

② 분리한 자구들. 화분에 심을 만큼 컸다!

③ 화분에 심기. 대략 크기를 맞춘 화원용 플라스틱 화분에 잡초방지천을 깐다.

④ 토양이 뿌리 전체를 단단히 에워싸도록 흙을 부드럽게 다진 뒤 토양이 흠뻑 젖을 만큼 물을 준다. 물을 주면 뿌리 주변의 흙을 더 안정시킬 수 있다.

⑤ 모체를 분갈이하면서 자구로 돋을 줄기가 흙 표면으로 가는 길을 찾을 수 있도록 조심스럽게 방향을 잡아주었다.

빛이 필레아 페페의 잎에 미치는 영향

첫째 날

나는 필레아 페페를 키우며 처음 얻은 자구들을 분리해 옮겨 심다가 자연광(천창으로 비치는)과 LED 생장등 아래에서 자란 어린 필레아 페페들이 눈에 띌 만한 차이를 보일지 궁금해졌다. 우선, 각각의 빛을 측정해 보았다.

자연광
- 지속시간 – 일조 시간에 따라 강도가 오르내린다. 실험을 겨울에 했기 때문에 내가 사는 지역의 위도에서 일조 시간은 대략 9시간이었다.
- 강도 – 천창의 범위에 태양이 들어오지 않으므로 하늘에서 오는 빛만을 받는다. 빛의 최고 세기는 평균 200풋캔들이다.

생장등
- 지속시간 –12시간 간격으로 켜지고 꺼지게 타이머를 맞춰 두었다.
- 강도 – 최상부에 있는 잎에서 대략 15센티미터 위로 올라오도록 생장등의 높이를 조절했다. 이 거리에서 빛의 세기를 쟀을 때 800풋캔들이 나왔다.

30일 뒤

기껏해야 '적은 빛'으로 분류될 만한 자연광 아래에서 자란 필레아 페페(왼쪽)는 잎이 둥근 지붕 모양에 더 가깝다. 생장등 아래에서 자란 필레아 페페(오른쪽)는 잎이 더 보기 좋게 평평하다.

92일 뒤

낮이 더 길어졌는데도 자연광 아래의 필레아 페페(왼쪽)는 생장등 아래의 필레아 페페(오른쪽)보다 잎 모양이 여전히 둥근 지붕 모양에 가깝다.

위에서 보았을 때

생장등에서 자란 필레아 페페(오른쪽)는 더 강한 빛을 향해 줄기를 뻗을 필요가 없으므로 잎이 더 촘촘하게 자랐다.

덕구리난 포니테일팜, Ponytail Palm

'덕구리난(포니테일팜)'은 베아우카르네아속에서 가장 흔하게 구할 수 있는 '베아우카르네아 레쿠르바타Beaucarnea recruvata'의 일반명이다. 원예가들은 어린 덕구리난을 밑동까지 가지치기하는데, 이러면 새 줄기들이 많이 돋아나서 소형 야자수처럼 보이게 가꿀 수 있다.

생존을 위한 돌봄 전략

당신이 덕구리난을 순전히 인테리어용으로만 쓰고 싶다면 이 식물은 50풋캔들만큼 낮은 조도에서도 그럭저럭 잘 지낸다고 볼 수도 있을 것이다. 한 달에 한 번 흙이 흠뻑 젖도록 물을 주고, 일주일 정도 창가에 놔두라. 그러면 식물은 낮은 조도의 환경에서 금식기에 들어가기 전에 필요한 탄수화물을 얼마간 생산할 수 있을 것이다. 나머지 시간 동안에는 흙을 바싹 마른 상태로 유지해야 한다.

성장을 위한 돌봄 전략

200풋캔들이 넘는 조도에서는 덕구리난의 잎이 계속 길어질 것이다. 햇살을 좀 쬐면 줄기 아랫부분에서도 새잎이 돋아난다. 덕구리난은 대개 물이 빨리 빠지는 선인장용 배합토(피트모스는 줄이고, 굵은 모래를 더 섞고, 가끔은 바크칩도 첨가한)에 심는다. 일주일 이상 흙이 완전히 말랐을 때마다 물을 흠뻑 줄 수 있다. 적절한 배합토를 썼다면 토양이 수분을 지나치게 머금지 않을 테니 걱정하지 말고 물을 흠뻑 주라. 물은 대부분 배수될 것이다.

주관적 수명

잎이 길어지는 것 말고는 달리 성장하지 않는 것처럼 보여도 덕구리난은 여러 해 살 수 있다. 집 안 환경에서는 줄기 둘레가 굵어지기는 힘들 것이다. 그러니 화원에서 충분히 성장해 줄기가 굵어진 식물을 구입하는 것이 좋다.

'소형 야자수' 모양으로 키우는 일반적인 재배 스타일 말고 매우 어린 새순(풀 같은 잎들이 달린 작은 구근)도 가끔 볼 수 있다.

베아우카르네아의 세 가지 유형: 잎이 많이 달린 덕구리난(왼쪽), 아주 어린 새순들(가운데), 잎이 더 넓고, 더 곧게 자라는 베아우카르네아 스트릭타 Beaucarnea stricta

덕구리난 Ponytail Palm

덕구리난 관찰 일기

내 친구는 겨울 동안 덕구리난이 생존할 수 있도록 간소한 생장등 하나를 설치했다. 봄과 여름에 밖에 내놓을 수 있을 때까지 덕구리난을 살리는 생명 유지 장치에 가깝다.

일반적인 덕구리난은 굵은 몸통에 많은 생장점이 생긴다.

이 사진에서처럼 베아우카르네아속 식물은 일반적으로 줄기 끝에서 한 무리의 잎이 자라는 구조로 성장한다. 이 줄기를 자르면 여러 곳의 생장점에서 많은 무리의 잎들이 자라날 수 있도록 전체적인 구조가 달라질 것이다.

덕구리난의 잎은 아름다운 나선형으로 자란다.

스킨답서스 Pothos

열대 지역에서는 공격적인 식물로 여겨지긴 하지만 스킨답서스 Epipremnum aureum는 필로덴드론처럼 반려 식물 컬렉션에서 한자리를 차지할 만한 식물이다. 나는 얼룩무늬가 있는 변종인 '마블퀸' '엔조이' '골든' '네온'을 한데 묶어 스킨답서스 멋쟁이 4인방이라 부르길 좋아한다. 가끔 '골든'이나 '마블퀸' 스킨답서스는 무늬 없는 초록 잎을 내기도 한다. 상업 재배자에게는 바람직하지 않은 일이겠지만 식물집사에게는 흥미로운 일이다. 무늬 없는 초록 잎이 달린 줄기를 잘라내 온통 초록 잎을 지닌 또 다른 식물로 키울 수 있다!

생존을 위한 돌봄 전략
스킨답서스는 조도가 50풋캔들 미만인 곳에서도 생존할 수 있지만 거의 성장하지 않는 긴 적응기를 거치리라 각오해야 한다. 물을 최대한 흠뻑 주면 처음에는 죽지 않겠지만 계속 습한 상태가 유지되며 몇 달 안에 곰팡이에 감염될 것이다. 곰팡이에 감염된 스킨답서스는 잎 한복판에 검은 점들이 생긴다. 토양을 정기적으로 통풍시켜주면 감염을 피할 수 있다.

성장을 위한 돌봄 전략
스킨답서스는 100~300풋캔들의 조도에서 잘 자란다. 조도가 더

스킨답서스 멋쟁이 4인방(위에서부터 시계방향으로): '마블퀸' '골든' '엔조이' '네온'

높으면 얼룩무늬가 뚜렷해진다. 스킨답서스를 직사광에 놓아두면 몇 주 뒤 초록색이 조금 희미해지는 걸 볼 수 있다. 따라서 얇은 커튼으로 직사광을 가리는 게 좋다. 토양을 골고루 촉촉하게 유지하면 잎을 만질 때 생기 넘치는 탄력을 느낄 수 있다. 스킨답서스가 늘어지기 시작할 때 물을 흙 표면 전체에 골고루, 빨리 붓는다. 식물이 성장하는 시기라면 비료를 사용법대로 줄 수 있다. 스킨답서스의 뿌리는 빨리 자라나므로 화분 배수공으로 뿌리가 삐져나오지 않는지 잘 살펴야 한다. 뿌리가 화분 배수공으로 삐져나오면 더 큰 화분이 필요하다는 신호다. 식물이 몇 달 동안 꾸준히 잘 자라다가 갑자기 많은 잎이, 가끔은 같은 덩굴에 달린 잎들이 노랗게 변해 떨어지기도 한다. 이것은 덩굴의 뿌리가 썩었다는 뜻이다. 분갈이로 토양 양분을 보충하고 구조를 되살릴 수 있다.

주관적 수명

스킨답서스를 오랫동안 즐기고 싶은데 오래된 잎들이 누렇게 변해 떨어지기 시작한다면 걱정될 것이다. 이런 증상의 원인은 토양 양분 손실이나 건조기의 뿌리 손상을 포함해 다양하다. 다행히 스킨답서스는 꺾꽂이로 번식하기가 쉽기 때문에 뿌리를 내린 꺾꽂이용 줄기를 다시 흙으로 옮겨 심을 수 있다. 그러나 적절한 시기에 분갈이를 하고 토양을 보충한다면 스킨답서스를 오래 즐길 수 있다.

어두운 구석에 생기를 준다고?
식물에게는 천천히 굶어
죽으라고 선고하는 것과 같다.

스킨답서스 *Pothos*

스킨답서스의 번식

스킨답서스의 덩굴은 오직 한 방향으로 자라기만 한다. 더 길게, 더 길게! 덩굴이 바닥에 닿을 만큼 자랐는데 당신이 정글처럼 보이는 공간을 좋아하지 않는다면 날카롭고 깨끗한 전정가위로 잘라내면 된다. 돋아난 지 조금 오래된 잎 근처에서 잘라주는 것이 좋다. 얼마 지나면 새 생장점들이 나올 테고 덩굴은 더 길게 자라며 꿋꿋이 자기의 길을 갈 것이다. 잘라낸 건강한 잎들로 더 많은 식물을 쉽게 번식시킬 수 있다. 스킨답서스는 거의 모든 조건에서 뿌리를 내리기 때문에 번식하는 법을 배우기에 좋은 식물이다. 빠르게 성장하는 덕분에(빛이 좋은 환경이라면) 몇 달에 한 번씩 새 식물들을 얻을 수 있다. 사진은 물에서 뿌리를 내고 있는 제이드 스킨답서스들이다.

잘라낸 줄기는 잎 하나, 줄기 하나, 본체 덩굴의 일부를 포함하는 것이 좋다. 줄기가 본체 덩굴과 만나는 곳에 갈색 공기뿌리가 보일 것이다. 이곳에서 새로운 뿌리가 나온다. 나는 새 식물을 빨리 얻기 위해 잘라낸 줄기 여러 개(5~7개)를 부드러운 고무 끈으로 함께 묶어 물 잔에 꽂아 직사광을 받지 않는 곳에 둔다. 시간이 흐르는 동안 물이 깨끗한지 확인하고 노란색이나 갈색으로 변한 가지들(자주 생기지는 않는다)을 치운다. 몇 주 안에 공기뿌리에서 흰 뿌리가 자라난다. 모든 줄기에서 뿌리가 나오면 일반적인 배합토를 사용해 작은 화원용 화분(4인치)으로 옮겨 심는다. 뿌리가 자리 잡을 동안 줄기들이 똑바로 서 있을 수 있도록 끈으로 묶어준다. 몇 주 뒤에 줄기들이 스스로 곧게 서면 끈을 제거한다. 모체의 아랫부분에 잎이 나지 않아 휑하다면 이 새 식물들을 그곳에 심어 풍성한 느낌을 낼 수 있다.

스킨답서스 관찰 일기

일액현상 guttation 식물체의 배수 조직에서 수분이 물방울 형태로 배출되는 현상

스킨답서스의 수분 운반 기제는 워낙 효율적이기 때문에 물을 흠뻑 주고 나면 여분의 물이 잎 끄트머리에 모일 수 있다. 이것은 '과습'의 신호일까? 아니다. 식물이 성장하고 있다면 과습의 신호라고 볼 수 없다.

토템 스타일

스킨답서스의 또 다른 재배 스타일은 덩굴이 나무껍질이나 수태봉처럼 약간의 수분을 머금을 수 있는 거친 표면 위로 자라게 유도하는 것이다. 이렇게 하면 새로 나오는 잎들은 기존보다 더 커진다. 시도해보고 싶은 스타일이지만 성공 여부는 빛을 충분히 줄 수 있는지, 덩굴이 자라는 거친 표면의 수분을 유지할 수 있는지에 달려 있다.

골든 스킨답서스

온도와 습도가 높고 비가 많이 내리는 자연에서 스킨답서스는 알아보기 힘들 만큼 웅장한 크기까지 자랄 수 있다. 사진 속 식물은 바로 '골든' 스킨답서스다!

스킨답서스 *Pothos*

마란타 Prayer Plant

마란타Maranta leuconeura는 기도하는 손처럼 매일 밤 잎을 포갠다. 그래서 영어로는 '기도하는 식물prayer plant'이라 불린다. 마란타의 잎은 구부러진 줄기 끝에서 자라나 화분 가장자리에 몸을 걸친다. 마란타가 매다는 바구니 식물로 자주 팔리는 이유다. 반듯하게 세운 막대들에 줄기를 묶는 사람도 있지만 내가 보기에는 어색하다. 어린 덩굴은 가끔 작은 수상꽃차례를 피워 올린다. 하지만 마란타는 꽃보다 잎이 더 흥미로운 식물이다!

생존을 위한 돌봄 전략

마란타는 낮은 조도에서도 살 수 있지만, 어두운 구석에서 생존할 수 있다는 뜻은 아니다. 낮 최고 50풋캔들 정도의 낮은 조도까지는 견뎌낼 수 있다. 저광 환경에서 자라는 식물에게 하듯 수분을 살짝만 고르게 품은 상태로 토양을 유지하다 보면 언젠가 식물 전체가 축 늘어지는 때가 올 것이다. 수분이 골고루 침투하지 못해 마른 토양 부분에 있는 뿌리들이 많이 상했기 때문이다. 이런 일이 일어나면 토양을 부드럽게 통풍시킨 다음 물을 흠뻑 줘야 한다.

초록색 마란타(왼쪽)와 칼라테아 랑키폴리아Calathea lancifolia(오른쪽). 둘 다 밤이 되면 잎을 포갠다. 칼라테아는 마란타와 돌보는 방식이 비슷해서 나란히 함께 키울 때가 많다.

마란타 *Prayer Plant*

성장을 위한 돌봄 전략

하루 최고 조도가 200풋캔들인 곳에서는 새잎이 꾸준히 나온다. 300~800풋캔들 범위에서는 잎의 무늬가 더 선명해진다. 직사광을 한두 시간 받는 것은 괜찮지만 온종일 직사광 아래 두는 것은 좋지 않다.

토양 관리

빛이 적당한 곳에서는 튼튼한 성장을 위해 흙을 늘 고루 촉촉하게 유지하라. 흙이 대부분 마르면 식물 전체가 축 늘어질 것이다. 그럴 때는 즉시 흙을 통풍시켜 딱딱하게 마른 부분을 풀어준 뒤 물을 흠뻑 주어야 한다. 그러면 하루 이틀 안에 잎들이 활기를 되찾는다. 새잎이 나올 때면 액체 비료를 사용법대로 줄 수 있다.

주관적 수명

마란타에게 약점이 하나 있다면 해충이다. 줄기와 잎의 구조 때문에 해충이 숨을 구석이 많은 데다, 마란타의 수액이 특히 해충을 유혹하기 때문인 듯하다. 나도 마란타를 키웠지만 모두 1년 안에 해충을 감당할 수 없어서 버려야 했다.

마란타 번식

① 금방 자른 줄기 몇 개를 뿌리가 나도록 물에 꽂았다.

마란타 Prayer Plant

② 잘린 단면이 물에 잠기게 하라. 뿌리는 마디(줄기의 구부러진 부분에 나온 혹)에서 나올 것이다.

③ 뿌리가 대략 1.2센티미터쯤 자라면 바로 옮겨 심을 수 있다. 그러나 시간이 없다면, 물에 꽂혀 있기 때문에 당분간 그대로 두는 것도 괜찮다. 시간이 될 때 옮겨 심어라. 뿌리가 나오는 과정에서 줄기 몇 개가 죽을지도 모른다. 삶이란 그런 것이다!

④ 마란타의 오래된 잎들이 노랗게 변하면서 줄기 안쪽이 휑해 보이기 시작했다. 한때 풍성했던 식물은 꽤 슬퍼 보인다. 식물이 풍성할 때 줄기를 몇 개 잘라두면 좋은데, 휑해 보일 때쯤 뿌리를 내린 줄기들로 화분을 채울 수 있기 때문이다.

이 사진에서 나는 뿌리를 내린 줄기들을 화분에 옮겨 심고 있다. 곧 다시 풍성한 마란타가 될 것이다.

마란타의 매력은 잎

새로 나온 잎들은 돌돌 말린 종이처럼 생겼다. 이 초록색 마란타 잎에 생긴 얼룩덜룩한 반점을 보라. 정말 사랑스러운 패턴이다!

칼라데아 마란타red-veined prayer plant의 새잎은 돌돌 말린 자주색 포장지를 닮았다!

마란타는 가끔 흥미로운 색상의 잎을 내기도 한다.

마란타 관찰 일기

8개월

마란타가 이곳에 사는 것은 아니다. 샤워할 순서를 기다리고 있을 뿐이다. 샤워실에서는 바닥에 물이 튈 걱정 없이 물을 흠뻑 줄 수 있다.

10개월

잎들이 여기저기에서 노랗게 변해간다. 완전히 색이 변하면 제거할 것이다.

오래된 잎이 노랗게 변색되는 것은 식물이 질소와 인, 포타슘 같은 양분을 회수해 재활용하기 때문이다. 보기에 너무 흉하지만 않으면 잎들이 완전히 노랗게 변한 뒤에 잘라내는 것이 좋다.

노랗게 변한 잎을 제거하는 것은 식물집사의 일상적인 일이다.

1년 3개월

총채벌레의 습격! 다행히 꺾꽂이로 새로운 마란타들을 탄생시켜 놓았다. 총채벌레는 줄기와 잎의 보호막을 벗겨낼 것이다.

마란타의 잎 아랫면은 총채벌레(사진 속)나 응애, 개각충 같은 해충에게 이상적인 서식지인 것 같다. 총채벌레가 다른 식물들에게 번지지 않도록 감염된 마란타를 버리는 것이 최선이라 판단했다. 멋진 마란타가 보이면 다시 구입해야겠다.

토끼발고사리 Rabbit's Foot Fern

토끼발고사리Davallia Fejeensis는 보스턴고사리보다 더 정교한 잎과 매력적인 뿌리줄기를 가지고 있다(어떤 사람들은 무섭다고 말하기도 한다. 이 식물이 '타란툴라 고사리tarantula fern'라 잘못 불리는 데는 이유가 있다). 토끼발고사리의 길게 갈라진 잎은 작은 잎들이 조각조각 말라 떨어질 것 같지만 그렇지 않고, 차츰 누렇게 변하다 통째로 떨어진다.

생존을 위한 돌봄 전략

토끼발고사리는 100풋캔들 정도의 낮은 조도에서도 근근이 살아갈 수 있다. 왕성하게 자라지는 않을 테고 잎도 많이 떨어지며 듬성해질 가능성이 크지만 여전히 시선을 끌 만큼 풍성한 상태일 것이다. 완전히 마른 흙에서도 죽지 않지만 단단해진 흙을 젓가락으로 부드럽게 풀어준 다음 물을 줘야 한다. 그러지 않으면 단단해진 부분에는 물이 전혀 스며들지 않을 것이다. 흙을 풀어줄 때 뿌리줄기를 찌르지 않도록 조심하라.

성장을 위한 돌봄 전략

200풋캔들 이상의 환경에서는 잎이 떨어지는 정도가 덜할 것이다. 흙이 부분적으로 마를 때마다 물을 흠뻑 줄 수 있다. 가끔씩 흙을 통풍시켜 주어야 한다. 식물이 성장기에 들어가 몇몇 새잎을 펼칠 때 범용비료를 주면 좋다.

주관적 수명

빛을 충분히 주면 몇 년 안에 뿌리줄기가 화분을 완전히 둘러쌀

토끼발고사리 *Rabbit's Foot Fern*

것이다. 이때쯤 포기를 나누거나 뿌리줄기 몇 개를 잘라서 새 흙에 옮겨 심을 수 있다

뿌리줄기

왼쪽 — 고사리류의 뿌리줄기는 모체에서 나와 땅 위로 수평으로 뻗어가며, 새 뿌리와 잎을 틔워 새로운 식물을 생산할 수 있다. 토끼발고사리의 뿌리줄기는 성숙기가 되면 연한 갈색 '털'을 갖는 반면, 새로 성장하는 끝부분은 살짝 초록이 도는 흰색을 띤다.

오른쪽 — 털이 난 뿌리줄기에서 새잎들이 올라오는 모습을 보라. 처음에는 암갈색이 도는 초록색을 띠고 있으니 아파서 그렇다고 오해하지 말라!

새로 나온 잎도 자라면서 점점 성숙한 잎처럼 밝은 초록색을 띤다.

토끼발고사리 Rabbit's Foot Fern

토끼발고사리 분갈이하기

① 나는 이 토끼발고사리의 가장 흥미로운 특징이라고 할 수 있는 털 덮인 뿌리줄기를 돋보이게 할 화분을 고를 때까지 당분간 이 장식화분에 넣어두었다.

② 1년 뒤 내 토끼발고사리에게 어울리는 흥미로운 유리 용기를 발견했다. 배수공이 없는 용기이므로 오래된 흙을 좀 털어낸 다음 용기 안쪽에 수태를 깔았다.

③ 분갈이를 할 때마다 뿌리 부분에 뭉친 오래된 흙을 풀어주면 좋다. 그래야 뿌리가 새로운 흙을 쉽게 탐험할 수 있다.

④ 용기에 수태를 깔았다.

⑤ 수태로 둘러싸인 오목한 부분에 뿌리를 넣었다.

분갈이 8개월 뒤. 욕실에 사는 이 식물은 하루 최고 200풋캔들 정도의 빛을 받는데, 대략 일주일이면 수태가 바싹 마른다. 용기에 배수공이 없기 때문에 나는 수태 부피의 1/4이나 1/3 정도의 물을 천천히 붓는다. 그러면 수태 전체를 적당히 적실 수 있다.

토끼발고사리 *Rabbit's Foot Fern*

산세베리아 Snake Plant

'스네이크 플랜트snake plant'라는 일반명으로 불리는 산세베리아속 식물들은 식물집사와 식물 모두에게 유익한 반려 식물의 대표이다. 산세베리아는 건조한 토양을 좋아하므로 자주 물을 주지 않아도 된다. 종류가 무수히 많아 수집 욕구를 자극하기 때문에 억센 식물의 강인성을 포함해 희소성의 흥분까지 선사한다.

생존을 위한 돌봄 전략

산세베리아는 '적은 빛에서도 잘 사는' 식물이라는 딱지가 붙다 보니 창 없는 구석으로 밀려날 때가 많다. 나는 이렇게 창 없는 구석에 놓인 산세베리아를 '50풋캔들 미만에서 우아하게 굶주리는' 중이라고 묘사하곤 한다. 당신의 산세베리아가 그런 경우라면 흙이 바싹 마른 상태로 오래(몇 주 동안) 둔 뒤 흙을 살짝 적셔 주는 정도로만 물을 주어야 한다. 흙이 흠뻑 젖을 만큼 물을 주고 싶다면, 그래도 문제는 없지만 물을 주고 난 뒤 적어도 300풋캔들 이상의 빛이 드는 창가에 식물을 두는 것이 좋다. 일주일 정도 빛이 잘 드는 곳에 두면 다시 강제 금식에 들어가기 전에 산세베리아가 조금 성장할 수 있다.

성장을 위한 돌봄 전략

산세베리아가 성장할 만큼 충분한 빛을 주는 것은 어렵지 않다. 넓은 조도 범위에서 잘 지내는 식물이기 때문이다. 100풋캔들만큼 어두운 곳에서나, 1000풋캔들만큼 밝은 곳에서도 행복해한다. 그러나 양지(직사광에 4시간 이상 노출되는 곳)에서는 잎의 초록빛이 희미해질 수도 있다. 밝은 간접광에서 지내는 편이 좋다.

토양 관리

산세베리아는 수분의 대부분을 두꺼운 잎에 저장하므로 다음에 물 줄 때까지 흙이 바싹 말라도 괜찮다. 물 줄 때는 부드럽게 토양을 통풍시켜 물이 최대한 고르게 스며들 수 있도록 하면 좋다. 산세베리아가 주름지기 시작했다면 즉시 흙이 흠뻑 젖을 만큼 물을 주어야 한다. 산세베리아는 오랜 기간 마른 흙을 견뎌낼 수 있기 때문에 다시 촉촉해지기 힘들 만큼 마른 부분이 생기기 쉽다.

1년 이상 흙을 갈아주지 않았다면 분갈이를 하는 편이 좋을 것이다. 배수성이 좋은 배합토를 사용하라. 굵은 모래가 첨가된 배합토나 '선인장'용 흙이면 충분하다.

주관적 수명

화원에서 자란 산세베리아(예를 들어, 흔히 보이는 종류인 키가 큰 산세베리아 '라우렌티'Sansevieria trifasciata 'Laurentii')는 검처럼 튼튼하고 넓은 잎을 가진다. 그러나 당신의 산세베리아가 100풋캔들 미만의 조도에서 산다면 1~2년 뒤 새로 돋아난 잎들은 그렇게 넓지 않을 것이다. 여러 해가 지나면 물을 흠뻑 줘도 오래된 잎 몇 개가 축 늘어지며 계속 구부러진 상태로 남을 것이다. 이런 잎들이 보기 흉하다면 잘라내도 괜찮다.

북향 창문에서 몇 걸음만 떨어져 있어도 조도가 눈에 띄게 떨어진다. 이 산세베리아는 80풋캔들 이상의 빛은 절대 보지 못할 것이다. 많이 성장하지는 않겠지만 여러 달 동안 그럭저럭 '생기 있어' 보일 수는 있다.

1년 뒤에도 나는 여전히 더 다양한 품종의 산세베리아를 수집하며 다양한 화분 스타일을 시도하고 있다.

산세베리아는 반려 식물로 키워진 이래 줄곧 인기 있는 식물이다. 산세베리아의 몇몇 품종은 더 이상 상업적으로 재배되지 않으므로 '빈티지 재배종'이라 할 만하다. 20세기 중반을 연상시키는 분위기의 가구에 속지 말기를. 이 사진은 1950년대에 찍힌 게 아니다!

산세베리아 Snake Plant

사무실의 산세베리아

첫째 날

사무실 식물이 될 운명인 산세베리아 트리파스키아타. 평범한 화원용 화분이 이케아에서 산 겉 화분에 잘 맞지 않았다.

21일 뒤

새순이 돋았다. 1년쯤 지나면 새로 돋은 산세베리아 잎으로 화분이 북적일 것이다!

땅 밑 줄기에서 새 산세베리아 잎이 솟아났다. 땅 밑 줄기는 위로 자라날 만한 곳에 이르거나, 장애물에 부딪힐 때까지 땅 밑에서 옆으로 뻗어간다.

3개월 뒤

깊숙한 창턱이 산세베리아의 훌륭한 집이 되었다. 하늘도 잘 보인다! 남향 창이긴 하지만 주변에 높은 건물들이 많아서 한낮의 태양 고도가 낮아지는 추운 계절에는 여러 달 동안 해가 가려진다.

2년 뒤

나는 사랑스러운 새 화분을 구하게 되어서 사무실 산세베리아의 자리를 옮기기로 결정했다. 새 화분에 맞게 화원용 플라스틱 화분의 가장자리를 일부 잘라냈다.

산세베리아를 새 화분으로 옮겼더니 더 근사해 보인다. 창턱은 분명 성장을 촉진하는 환경이었던 것 같다. 화분이 잎으로 가득 찼다. 혹시 꽃도 볼 수 있을지 궁금하다.

3년 뒤

3년이 지났다. 어, 이게 뭐지? 꽃대다!

산세베리아 꽃은 상당히 향기가 강하다. 다행히 너무 가까이에서 일하는 사람은 없었다.

산세베리아 번식

① 성체 크기에서 1년 정도 자란 산세베리아는 자구를 밀어 올리기 시작할 것이다. 모체의 1/3 정도 크기가 되면 자구를 분리할 수 있다.

② 엄마와 아기 산세베리아. 이 산세베리아 하니bird's nest snake plant는 잎이 촘촘하게 자란다.

③ 각기 다른 발달 단계의 산세베리아 하니. 또 다른 번식 방법은 잎꽂이를 하는 것이다. 자른 잎의 단면을 물이나, 더 흔하게는 촉촉한 모래에 꽂는다. 어느 정도 시간이 흐른 뒤(아마 몇 달 정도) 새잎들이 돋아난다. 산세베리아는 워낙 천천히 자라는 데다 대체로 가격이 저렴하고 지역의 화원에서 쉽게 구할 수 있기 때문에 잎꽂이로 번식을 해본 적은 없다.

④ 화원에서 자란 잎들은 넓고 빳빳하며 검처럼 생겼다. 1년 정도가 지나면 흙에서 돋아난 새 그루에서도 새잎이 자라는 걸 볼 수 있다. 이 연한 초록색 품종은 '문샤인'이라 불린다.

웨일핀 Whale Fin 산세베리아

첫째 날

웨일핀 산세베리아 Sansevieria masoniana의 성장은 흥미롭다. 산세베리아가 천천히 자라는 식물이라는 말은 새잎이 자라는 데 오랜 시간이 걸린다는 말이 아니다. 한 달 정도 아무 일도 생기지 않는 듯한 기간이 있다는 뜻이다. 이 웨일핀 산세베리아는 집에 데려온 지 일주일 만에 새순이 돋았다. 분명 시기가 적절했을 것이다!

6일 뒤

새잎이 손가락 2개에서 4개 길이로 두 배로 자랐다.

20일 뒤

이제 모체 높이의 1/3쯤까지 자랐다.

27일 뒤

아기가 엄마 키의 절반에 도달했다!

40일 뒤

혹시 궁금해하는 독자가 있다면 왼쪽의 산세베리아는 '산세베리아 트리파스키아타 밴텔스 센세이션Sansevieria trifasciata Bantel's Sensation'이라 불린다.

64일 뒤

나는 새로 펼쳐진 잎이 주는 '신품' 느낌이 좋다. 무늬가 무척 아름답다! 잎을 하나씩 따로 분리해서 화분 두 개를 만들 수도 있지만 나는 두 잎이 함께 있는 것이 좋아 보인다. 함께 있을 때 고래 지느러미whale fin와 더 닮아 보이기 때문이다.

박쥐란 Staghorn Fern

박쥐란속에 속하는 모든 식물처럼 '박쥐란Platycerium bifurcatum'도 두 개의 주요 부위로 이루어진다. 생식엽과 외투엽이다. 생식엽은 매달려 있거나, 하늘을 향해 뻗는 손처럼 수직으로 서 있기도 한다. 외투엽, 즉 영양엽은 바닥 둘레에 자라 식물이 자리 잡은 표면 위를 둥근 지붕처럼 덮는다. 박쥐란이 적절한 조건에서 성숙기에 이르면 생식엽의 밑면에 갈색 점 같은 포자가 생긴다. 외투엽이 갈색으로 변한다고 슬퍼할 필요는 없다. 박쥐란은 성장하는 동안 몇 달마다 외투엽을 새로 내민다.

생존을 위한 돌봄 전략

"먹을 걸 제대로 줄 수 없다면 아기를 갖지 마." 마이클 잭슨의 말이다. 전형적인 '적은 빛' 환경, 즉 100풋캔들 미만의 환경에 걸어둔 박쥐란은 천천히 죽어갈 것이다. 창문에서 멀리 떨어진 소파 위에 박쥐란을 의기양양하게 걸어두고 싶은 유혹을 피하라.

성장을 위한 돌봄 전략

300풋캔들 이상의 빛을 줄 수 있다면 당신은 행복한 박쥐란을 즐길 수 있다. 하루 최고 500~600풋캔들의 빛이 들어오는 큰 창문이나 천창이 이상적이다. 박쥐란은 최대한 넓은 하늘을 보되 직사광으로부터는 보호받길 원한다. 한두 시간의 직사광은 견뎌낸다.

토양 관리

박쥐란이 화분에 심어졌다면 아마 전형적인 열대식물 토양(피트모스와 펄라이트, 어쩌면 퇴비도 섞인)에 심어졌을 것이다. 토양을 통풍시키고 골고루 촉촉한 상태를 유지하라. 박쥐란을 수태를 깐 판자에 올린 상태라면(올리는 법은 잠시 뒤에) 공기에 더 많이 노출되므로 수분 증발 속도가 더 빨라진다. 하지만 수태의 높은 보습력으로 상쇄될 것이다. 수태를 만져보면 수분의 정도를 쉽게 판단할 수 있다. 수태의 표면이 바싹 말랐다면 다시 적셔야 할 시간이다. 더 오래 기다린다면(그러지 않는 게 좋지만) 수태 전체가 마른 스펀지처럼 될 것이다. 그러면 물을 주기 전에 마른 수태를 풀어주면 좋다. 수태는 딱딱해지고 뭉치기 쉬우므로 부드럽지만 확실하게 풀어주어야 한다. 박쥐란을 받침대까지 통째로 욕조의 물에 담가 흠뻑 적시라고 조언하기도 하지만 너무 번거로운 데다 그다지 필요한 일도 아니다. 수태가 적은 양이라면 큼직한 통이나 욕조에 넣고 완전히 젖을 때까지 물을 부어주면 된다. 여분의 물이 빠지게 몇 시간 정도 놔둔 다음 자라던 위치로 되돌려 놓는다. 박쥐란의 잎을 적시느냐 마느냐는 그다지 중요하지 않다. 중요한 것은 박쥐란이 심어진 토양이나 수태에 수분을 골고루 공급하는 일이다. 나는 밤에 샤워실에서 물을 준 다음 밤사이에 물이 빠지게 놔둔다. 이튿날 아침쯤이면 벽에 다시 걸 수 있다. 그리고 새잎이 자라는 것이 보일 때마다 비료를 주라.

주관적 수명

박쥐란은 오래 살지만 잎은 계속 떨어지며 교체된다. 오래된 생식엽은 잎 가운데부터 누렇게 변색되기 시작해 나머지 부분까지

박쥐란은 화분에서도 아무 문제없이 자라지만
걸어두었을 때 더 흥미롭게 감상할 수 있다.

박쥐란 *Staghorn Fern*

점점 누렇게 변한다. 그때쯤에 밑동에서 잎을 뽑아낼 수 있을 것이다. 박쥐란을 천창 밑에서 3년간 키워보니 해마다 오래된 생식엽 3~5개가 떨어지고 새로 3~5개가 돋는 것 같다. 외투엽(또는 영양엽)은 식물의 토대 부분을 덮으며 자라는데 쉽게 손상된다. 외투엽이 식물의 밑부분을 전부 덮을 무렵이면 갈색으로 변하기 시작하고 이는 자연스러운 현상이다. 환경이 적합하다면 박쥐란은 자구를 키울 것이다. 이런 자구들을 모체와 함께 한 다발로 키울 수도 있고 뿌리 나누기로 분리할 수도 있다.

화원에 갓 들어온 박쥐란들. 아마 나는 이들 중 하나를 입양해 걸어놓을 것이다
(박쥐란을 거는 법은 잠시 뒤에).

화분에 심은 박쥐란(높은 받침대가 잘 어울린다!)

박쥐란 *Staghorn Fern*

박쥐란 관찰 일기

첫째 날

6인치 화분에 심어진 사랑스러운 박쥐란을 구입했다. 외투엽이 조금 손상됐지만 판매 중인 다른 박쥐란들도 마찬가지였다. 화분에 무임승차한 어린 식물들은 모두 뽑아냈다.

1개월 뒤

박쥐란을 올려보자! 내가 준비한 재료는 다음과 같다.

- **판자** - 철물점에 가면 선반 제작용 소나무 판자를 판다. 나는 판자 하나를 원하는 크기로 잘라 무독성 광택제로 처리했다. 광택제를 칠하면 수태의 높은 습기로부터 나무판을 보호할 수 있으리라 생각했다.
- **잡초방지천** - 나무판과 수태 사이에 차단막이 있으면 좋겠다고 생각했다.
- **플라스틱 그물망** - 플라스틱 그물망을 나무판에 스테이플러로 고정해 작은 바구니들을 만들었다. 조금 더 크게 만들었으면 좋았을 뻔했다.
- **수태** - 미리 알아본 바에 따르면 박쥐란을 수태로 단단하게 둘러싸야 한다.
- **튼튼한 고정 장치** - 나무판에 걸이 줄을 달고 이 식물 트로피를 매달 장소를 찾을 것이다!

어떤 방법으로 박쥐란을 올리든 이미 있던 외투엽은 손상될 것이다. 너무 마음 아파하지 말기를.

나는 플라스틱 그물망을 나무판에 스테이플러로 고정해 주머니를 만들었는데 나중에 보니 최선의 방법은 아니었다. 왜 그런지는 나중에 이야기하겠다. 플라스틱 주머니와 나무판 사이에 잡초방지천을 한 겹 깔았다. 내가 만든 주머니들의 크기를 보면서 수태와 박쥐란을 넣으려면 뿌리 주변에 묻은 흙을 많이 없애야겠다고 판단했다. 나는 뿌리 주변에 수태를 최대한 단단하게 채워 넣고 식물을 주머니로 에워쌌다.

박쥐란 설치! 아직 벽에 달지는 않았다. 당분간 이 박쥐란은 욕실 선반 꼭대기에서 지내며 천창으로 들어오는 빛을 받을 것이다. 수태가 거의 완전히 마를 때마다 박쥐란을 이 통에 얹어 놓고 수태가 흠뻑 젖도록 물을 주었다. 수태는 스펀지와 아주 비슷하다. 마르면 딱딱해지고 얇은 조각으로 갈라진다.

3개월 뒤
새 외투엽이 돋는 첫 신호!

4개월 뒤
플라스틱 그물망을 이용한 것이 좋은 생각이 아니었다고 말한 것을 기억하는가? 그 이유는 외투엽이 수태에 바짝 붙어서 자라기 때문이다. 결국 이렇게 플라스틱 그물망에 몸을 밀어붙이며 자랐다. 나는 그물망 조각을 제거하기 위해 작은 시술을 감행했지만 외투엽은 복숭아처럼 패이고 말았다! 그래도 상처 덕택에 식물이 더 개성을 지니게 됐다.

5개월 뒤

두 번째 외투엽이 자라기 시작했다!

나무판에 올린 지 1년 뒤

드디어 나무판을 벽에 걸었다. 나는 일반적으로 액자를 걸 때 사용하는 걸이 장치들(D자형 금속 고리, 나사못, 철사)을 사용했다. 23킬로그램까지 무게를 지탱할 수 있는 고리였다.

이 정도 크기로 자란 박쥐란에게 물을 주는 가장 편리한 방법은 나무판 전체를 샤워부스에 놓고 미지근한 물을 뿌리는 것이다. 나는 물기가 빠지도록 샤워부스에 밤새 놓아두었다가 다음날 다시 벽에 걸곤 한다.

2년 뒤

박쥐란이 사춘기를 맞았다. 손가락 같은 잎 뒷면에 생긴 흐릿한 갈색 부분은 포자가 있는 곳이다!

2년 4개월 뒤

좁은 공간에서도 박쥐란 아기들이 돋아나기 시작했다. 이 아기들이 얼마나 크게 자랄지 알기 때문에 나는 박쥐란을 더 큰 수태 위에 다시 올리는 것이 현명하리라고 판단했다.

다시 올리기 - 처음에 박쥐란을 올릴 때 나무판에 광택제를 발랐는데도 뿌리가 나무판을 뚫고 들어갔다. 이번에는 광택제를 칠하는 고생을 하지 않을 것이다. 이번에는 수태를 굵은 삼베로 감싸고 스테이플러로 고정했다.

나는 새로운 수태 깔개에 박쥐란을 고정하기 위해 노끈을 사용했다. 외투엽을 손상시키지 않고 박쥐란을 올릴 방법은 사실상 없으므로 너무 조심하려고 애쓸 필요는 없다. 다음에 돋을 외투엽이 자라 노끈을 덮어주리라는 믿음을 가지는 게 좋다. 이 아기들을 보라. 이제 이들이 뿌리를 내릴 수태가 많아졌다!

새로 제작한 박쥐란 트로피를 원래 자라던 장소로 들고 가는 중이다.

2년 8개월 뒤

옆면에서 자라던 아기 박쥐란 셋을 기억하는가? 너무 촘촘히 붙어 있어서 그중 하나만 가까스로 생식엽을 냈고 나머지는 묻혀버렸다.

3년 뒤

박쥐란은 '사슴뿔고사리staghorn fern'라는 영어 이름에 걸맞게 분명 사슴뿔 같은 웅장한 잎들을 키워냈다.

러브체인 String of Hearts

화원에서 들여놓는 상품은 늘 달라지기 때문에 특정 품종의 식물을 찾기 어려울 때가 있다. 다행히 인터넷의 발달로 너그럽게 꺾꽂이용 줄기를 나눠줄 식물 애호가들과 만나기가 쉬워졌다. 식물 친구와 꺾꽂이를 나누는 것은 식물집사의 즐거움 중 하나다. 그러나 꺾꽂이로 식물의 뿌리를 내고 키우는 법을 터득하는 과정에는 기술과 인내가 필요하다. 게다가 식물 친구를 실망시키지 말아야 한다는 부담감마저! 이 장에서는 내가 간절히 원하던 끝에 결국 꺾꽂이용 줄기 몇 개를 얻게 된 러브체인 Ceropegia woodii의 뿌리를 내리는 법을 설명하겠다.

생존을 위한 돌봄 전략

하루 최고 조도가 200풋캔들인 곳에서 러브체인은 생존할 수 있다. 하지만 잎의 무늬가 희미해지고 잎과 잎 사이의 거리가 멀어지며 전체적으로 식물이 엉성해 보이기 시작할 것이다. 흙이 완전히 말랐을 때 물을 흠뻑 주면 된다.

성장을 위한 돌봄 전략

러브체인은 하루 중 한두 시간 직사광을 볼 수 있고, 나머지 시간 동안 400~800풋캔들의 간접광을 볼 수 있다면 덩굴이 근사하게 성장하며 무늬도 선명해진다. 러브체인은 굵은 덩이뿌리를 만들기 때문에 물 주기 전 흙을 통풍시킬 때 조심해서 찔러야 한다. 흙

물에서 뿌리를 내고 있는 러브체인 줄기들

러브체인 *String of Hearts*

이 완전히 마를 때마다 물을 흠뻑 주라. 식물이 활발히 성장하고 있다면 균형 성장 비료를 사용법대로 줄 수 있다.

주관적 수명

당신에게 러브체인이 있다면 영원히 번식시키며 친구들에게 나누어줄 수 있다. 아니면 여러 해 동안 긴 체인을 조심스럽게 관리할 수도 있다. 러브체인은 얼마든 오래 즐길 수 있는 식물이다!

러브체인 번식

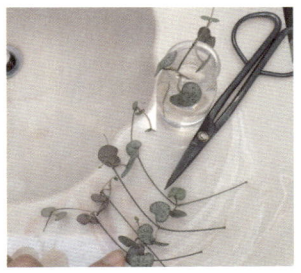

첫째 날

나는 마디 바로 위에서 이 줄기들을 잘라냈는데, 뿌리가 나왔다. 더 쉬운 방법은 줄기를 마디 아래에서 잘라 물에 잠길 잎들을 제거하는 것이다. 어느 덩굴식물(스킨답서스, 필로덴드론, 몬스테라, 아이비 등)이든 이 방법으로 번식할 수 있으니 기억해 두라. 겁내지 말고 시도해 보라!

잘라낸 줄기를 물에 꽂은 다음, 물이 담긴 용기를 직사광이 들지 않는 곳에 두라. 줄기 하나하나에서 흰 뿌리 조직이 성장하면 옮겨 심을 수 있다. 아마 4주 이상 기다리지 않아도 될 것이다. 뿌리 내린 줄기를 물에 놔두고 늑장을 부려도 좋고, 옮겨 심을 시간이 날 때까지 기다려도 좋다.

배수공이 있는 가장 작은 화원용 화분과 배수가 잘 되는 가벼운 토양을 이용하라. 나는 피트모스에 펄라이트가 섞인 흙을 썼다. 화분에 배합토를 채우고 뿌리가 안정될 때까지 줄기가 흔들리지 않도록 토양을 부드럽게 눌러준다. 나는 디버 대신 젓가락으로 구멍을 파면서 줄기 사이 간격을 고르게 벌려 심었다. 꺾꽂이한 줄기들은 되도록 오랫동안 가만히 두는 것이 좋다.

화분에 옮겨 심은 지 2개월 뒤

러브체인은 동향 창문 옆에서 밝은 간접광을 즐겼다. 하루 중 가장 밝은 시간에 조도를 측정하니 300풋캔들이었다. 물 주기 면에서 러브체인은 '다음번 물 줄 때까지 흙이 완전히 말라야' 하는 종류의 식물이다.

화분에 옮겨 심은 지 3개월 뒤
더 풍성한 러브체인을 원한다면 다시 번식 과정을 시작하기에 괜찮은 시점인 듯하다. 그러나 나는 러브체인의 매력이 늘어뜨린 덩굴에 있다고 생각하므로 지금 상태가 가장 좋다!

금전초 금전수, ZZ plant

금전초Zamioculcas zamiifolia는 적은 빛에서도 잘 자라는 다육식물로, 넓은 범위의 조도와 토양 밀도를 무난히 견뎌낸다. 금전초가 '새순'일 때부터 어엿한 잎으로 자랄 때까지 성장 과정을 지켜보는 것은 매혹적이다. 기본적으로 금전초는 느리게 자라는 식물이다. 아마 한 해에 새순을 두셋 정도 보게 될 것이다. 금전초를 살 때는 잎이 펴지지 않은 줄기 몇 개가 있는 화분을 추천한다. 그러면 다음 몇 달간 잎이 자라는 모습을 지켜보는 재미가 있을 것이다.

밝은 곳에서 지내는 금전초의 줄기 하나가 세 달에 걸쳐 자라는 사진.
하루 최고 평균 조도는 400풋캔들이며 해가 건물 사이로 가장 높이 뜨는
한 시간 정도의 시간엔 약간의 직사광도 들어온다.

생존을 위한 돌봄 전략

금전초는 '적은 빛에서도 잘 산다'고 널리 알려진 또 다른 식물이다. 그러나 조도가 50풋캔들 미만인 곳에서는 초록 동상처럼 가만히 있을 것이다. 줄기 아래쪽의 알뿌리가 많은 양의 물을 저장할 수 있으므로 흙을 몇 달 동안 완전히 마른 상태로 둬도 괜찮다. 그러나 몇 주 안에 잎이 누렇게 변할 것이므로 작은 줄기들을 더러 잘라낼 각오를 해야 한다. 흙을 자주 통풍시키면 누렇게 변하는 줄기가 줄어들 것이다. (50풋캔들의 조도에서는) 물 주기보다 토양 통풍을 더 자주 해주어야 한다. 흙을 흠뻑 적셨다면 식물이 물을 소비할 수 있도록 며칠간은 빛이 잘 드는 창가로 옮겨두는 것이 좋다. 어쩌면 당신이 '깨달음을 얻고서' 식물이 진짜 잘 자라도록 창가 옆에 계속 놔두게 될지 모른다!

성장을 위한 돌봄 전략

금전초는 100~1000풋캔들의 조도라면 어디에서든 문제없이 자란다. 빛의 세기가 강렬할수록 흙은 더 빨리 바싹 마른다. 그때가 물 주기 적절한 때다. 금전초는 단단한 토양도 잘 견디기 때문에 물 주기 두 번에 한 번 정도로 흙을 조심스럽게 풀어주면 좋다. 땅 밑에 자라는 두꺼운 덩이줄기를 찌를 수 있으니 줄기와 너무 가까운 곳은 찌르지 않도록 하라. 새 줄기 몇 개가 나오는 게 보이면 비료로 성장을 도울 시기다.

금전초의 줄기는 가지가 갈라지지 않으므로 가지를 풍성하게 할 목적으로 가지치기를 할 필요가 없다.

식물이 성장하는 과정에서 줄기 몇 가닥이 누렇게 변하기 시작할 것이다. 줄기가 완전히 누렇게 변하면 잘라낸다.

금전초 ZZ plant

주관적 수명

금전초를 빛이 적은 곳에 둔다면 초록 동상이 될 수 있다. 거의 자라지 않고 아주 조금씩 부식될 것이다. 비교적 밝은 곳에 두면 오래된 줄기는 시들겠지만 새 줄기가 돋아나는 모습을 즐길 수 있다. 노란색이나 갈색으로 변하는 줄기도 있을 테지만, 그냥 잘라내면 된다. 건강한 덩이줄기는 새순을 계속 밀어 올릴 것이다. 몇 년마다 흙을 갈아준다면 계속 키울 수도 있다.

금전초 관찰 일기

첫째 날

내가 이 금전초를 선택한 이유는 새로 돋은 줄기 두 개가 있어서 다음 몇 달 동안 자라는 모습을 지켜볼 수 있기 때문이다. 화분에 마감토로 돌을 얹으면 좋겠다고 생각했지만, 분갈이를 몇 번 한 뒤에는 올려놓지 않았다.

2개월 뒤

배수공으로 뿌리가 삐져나오면 화분 속 뿌리의 상태를 점검해 볼 필요가 있다는 첫 번째 신호다. 점검해 보니 뿌리가 화분 밑바닥에 똬리를 틀고 흙 대신 공간을 채우고 있었다. 분갈이를 해야 할 분명한 신호다!

6개월 뒤

금전초 컬렉션 늘리기를 무척 바라던 터라 '뿌리가 잘 내린' 금전초 두 개에 대한 광고를 봤을 때 바로 연락했다. 자세히 살펴보니 화분 토양이 실외 표토인 것 같았다. 금전초를 키우기에는 너무 밀도가 높고 보수력이 좋은 흙이었다. 줄기들을 화분에서 꺼내보니 뿌리조차 내리지 못한 상태였다!

물에 꽂아서 욕실 구석의 천창 아래에 두고 뿌리를 내리게 하면 아마 이 금전초들을 구할 수 있을 것이다.

10개월 뒤

성공! 물에서 네 달 동안 뿌리를 내린 줄기들은 대부분 뿌리줄기를 성장시키기 시작했다. 이제 화분에 옮겨 심을 수 있다. 나는 이 새로운 금전초들을 이미 키우고 있던 금전초와 함께 더 큰 화분으로 옮겨 심었다.

1년 4개월 뒤

이렇게 함께 심은 금전초들은 행복해 보인다. 내 욕실에서 100~200풋캔들의 빛을 받으며 새순을 밀어 올리고 있다. 이 정도의 조도에서 나는 대략 한 달에 한 번쯤 물을 주지만 솔직히 날짜를 정확히 기억하지는 않는다.

2년 4개월 뒤

오래된 줄기들이 처지기 시작해서 대나무 막대에 묶어놓았다. 이제 다시 분갈이를 할 때가 됐나 보다.

금전초 ZZ plant

감사의 글

사진을 찍고 식물에 대해 이야기를 나눌 수 있도록 집을 개방해 준 모든 분들께 감사드립니다.

Jeannie Phan @studioplants
Jesse Gold @homesteadbrooklyn
Justine Jeanin @sweetyoxalis
　　　@whattheflower_paris
Jacqueline Zhou @houseplantgal
Melissa Lo @melissalo
Nikhil Tumne
Joseph R. Goldfarb & Alisa G. Davis @joe.t.o @whut.club

Clarie Kurtin @clatrevoyant
Jacqueline Chan
Elspeth & Blake Gibson
Violet Sae & Eric Fahn
Susan & Wing Kee
Ashley & Andrew Cheng
Angela & Eric Lee
Orissa Leung
Yoyo Yick

사진을 찍을 수 있도록 공간을 개방해 준 사업체와 단체에 감사드립니다.

Accedo(Toronto office) @accedotv
Dynasty @dynastytoronto
Northside Espresso + Kitchen
　　　@northsideespresso
St. Christopher's Anglican Church
　　　@stchrisanglicanchurch

St. Christopher's Anglican Church
　　　@stchrisanglicanchurch
The Sill @thesill
Vallyview Gardens
　　　@valleyviewgardens

내가 키우는 식물 중 많은 식물은 직접 구입했지만 가끔 판매자들이 한번 키워보라며 식물을 제공해 주기도 했습니다.
이 책에 실린 식물을 제공한 판매자들에게 감사를 전합니다.

Valleyview Gardens
　　　@valleyviewgardens
Dynasty Toronto
　　　@dynastytoronto
Crown Flora Studio @crownflora
Urban Gardener TO
@urbangarenerto
Sheridan Nurseries
　　　@sheridannurseries
Costa Farms @costafarms

Filtrum Miami @filtrum.miami
The Sill @thesill
Haws Watering Cans
　　　@hawswateringcans
Things by HC, Hilton Carter
　　　@hiltoncarter
The Sill@thesill
Homebody Collective
　　　@homebody.collective
Modernica @modernica

실내 가드너 인구가 증가하면서 창의적이고 멋지고 아름다운 디자인의 실내 가드닝 제품 시장도 성장할 것입니다.

Concept Modern @eames_addicted
Forage & Lace @forageanlace
Beautifully Tarnished
　　　@beautifully_tarnished

Lee Valley @leevalleytools
HPJ Watering Can &
　　Soil Aerator
　　　@houseplantjournal

매력적인 제품을 우리에게 제공해 준 이들에게 감사를 전합니다.

Gardener's Supply Company
@gardeners

특히 고마운 사람들

Soumeya B. Roberts   내 기록이 책이 될 가능성을 처음 알아보고 내게 손을 내밀어주어 감사합니다. 책을 쓰는 내내 당신의 훌륭한 안내가 큰 도움이 되었습니다.

Eric Himmel   이 책을 쓰면서 겪은 여러 우여곡절을 당신의 훌륭한 편집과 끊임없는 격려 덕택에 헤쳐나갈 수 있었습니다. 당신과 편집팀Shawna Muellen, Lisa Silverman, Daniella Youngsmith, Katie Gaffney의 모든 노력에 감사합니다.

Jeannie Phan   나처럼 반려 식물 블로그를 운영하는 당신과 함께 일할 수 있어 즐거웠습니다. 당신의 삽화는 이 책의 주요 개념에 생명을 불어넣었습니다!

Sebit Min   글과 이미지를 조화롭게 배치해 준 훌륭한 작업에 감사합니다.

Larry Variese & the Valleyview Gardens Team   하우스 플랜트 저널을 초기부터 후원하며, 온실을 개방해 주고 많은 식물을 제공해 준 것에 감사합니다.

Eliza Blank & the Sill Team   더 실the sill 매장에서 너무나 멋진 시간을 보냈습니다. 우리를 팀의 일원으로서 며칠간 참여할 수 있도록 해준 것에 감사합니다. 내 인스타그램이 알려지기 시작한 것도 분명 당신 덕택입니다. 오래 전에 저를 널리 소개했으니까요.

Richard Sabino   나와 함께 조도계 앱을 개발해 주어 고맙습니다. 당신의 노고 덕택에 많은 이들이 식물과 더 깊이 교감하리라 생각합니다.

Violet Sae(엄마) & Eric Fahn   @houseplantjournal이 시작된 집에서 제게 공간을 내주셔서 감사해요. 엄마의 사랑과 지지, 내 실내 정글을 참아준 인내에 감사드려요. 이 책에 대해 이런저런 아이디어를 장황하게 늘어놓는 내 이야기를 귀 기울여 들어주시고, 실외 가드닝에 대해 알려주신 그 모든 시간에 고마움을 전합니다.

Jacqueline Chan   당신은 아마 이 책에 실린 모든 이야기를 이미 여러 번 반복해서 들었겠지요. 그 모든 시간 곁에 있어줘서 고마워요. 당신의 사랑과 격려가 없었다면 이 책을 끝내지 못했을 거예요. 정말, 정말 사랑해요, 내 사랑.

**퇴근하고
식물집사**

늘 긴가민가한 식물 생활자들을 위한
친절한 가이드

ⓒ 대릴 쳉, 2022

초판 1쇄 인쇄 2022년 6월 10일
초판 1쇄 발행 2022년 6월 20일

지은이 대릴 쳉
옮긴이 강경이
펴낸이 이상훈
편집인 김수영
본부장 정진항
인문사회팀 원아연 권순범 김경훈
마케팅 김한성 조재성 박신영 조은별 김효진 임은비
경영지원 정혜진 엄세영

펴낸곳 ㈜한겨레엔 www.hanibook.co.kr
등록 2006년 1월 4일 제313-2006-00003호
주소 서울시 마포구 창전로70(신수동) 화수목빌딩 5층
전화 02-6383-1602~3
팩스 02-6383-1610
대표메일 book@hanien.co.kr

ISBN 979-11-6040-509-5 13520

× 책값은 뒤표지에 있습니다.
× 파본은 구입하신 서점에서 바꾸어 드립니다.